城市轨道交通职业教育系列教材——运营管理类

城市轨道交通客运服务心理学（第3版）

主　编 ○ 邹　雄　程　翠　冯　源
副主编 ○ 苏　荧　龚　杰

西南交通大学出版社
·成都·

图书在版编目（CIP）数据

城市轨道交通客运服务心理学 / 邹雄，程翠，冯源主编. -- 3版. -- 成都：西南交通大学出版社，2025.
1. -- ISBN 978-7-5774-0262-8

Ⅰ. F530.9

中国国家版本馆 CIP 数据核字第 2024YD3705 号

Chengshi Guidao Jiaotong Keyun Fuwu Xinlixue (Di 3 Ban)
城市轨道交通客运服务心理学（第 3 版）

主 编 / 邹 雄 程 翠 冯 源	策划编辑 / 吴 迪
	责任编辑 / 梁 红
	封面设计 / 何东琳设计工作室

西南交通大学出版社出版发行
（四川省成都市金牛区二环路北一段 111 号西南交通大学创新大厦 21 楼　610031）
营销部电话：028-87600564　　028-87600533
网址：https://www.xnjdcbs.com
印刷：四川煤田地质制图印务有限责任公司

成品尺寸　185 mm×260 mm
印张　12.75　　字数　257 千
版次　2017 年 8 月第 1 版　2019 年 10 月第 2 版
　　　2025 年 1 月第 3 版　　印次　2025 年 1 月第 15 次

书号　ISBN 978-7-5774-0262-8
定价　45.00 元

课件咨询电话：028-81435775
图书如有印装质量问题　本社负责退换
版权所有　盗版必究　举报电话：028-87600562

第 3 版前言

近年来，城市轨道交通在中国的覆盖范围逐渐扩大，成为人民群众日常出行的首选。交通运输部数据显示，截至 2024 年 11 月，我国共有 54 个城市开通运营城市轨道交通线路 313 条，运营里程达 10 522.1 千米。与此同时，城市轨道交通安全运行的压力和挑战日益加大，人民群众对轨道客运的品质要求也越来越高。2018 年，《国务院办公厅关于保障城市轨道交通安全运行的意见》中提出，要"坚持以人民为中心的发展思想，把人民生命财产安全放在首位，不断提高城市轨道交通安全水平和服务品质"，"为广大人民群众提供安全、可靠、便捷、舒适、经济的出行服务"。

随着民众对城市轨道客运服务品质要求的提高，对于城市轨道交通行业客运服务人员的要求也相应提升，对担负着为该行业人才输送任务的各大职业院校提出了更高要求。为了体现以行业为依托的教育理念，本书集结了具有丰富行业经验的教师和轨道企业人员共同编写。紧密结合轨道交通现场实际，力求深入浅出、通俗易懂地阐述城市轨道交通客运服务过程中的心理现象，对乘客心理做出透彻分析，对轨道交通客运服务人员所需的心理素质进行培养，提升学生在服务过程中对乘客心理进行分析判断的能力、对乘客情绪进行调节的能力，帮助其正确地与不同个性的乘客进行沟通。

本书由重庆公共运输职业学院邹雄、程翠、冯源主编，由苏荧、龚杰任副主编，由重庆大学心理学教授李志担任主审，其对本书内容进行了严格的把关。各位作者分工如下：邹雄负责第一至六章以及附录，程翠负责第七章，冯源负责第八章，苏荧负责第九章，龚杰负责第十章，邹雄负责全书的结构策划、组织编写和统稿。本书得到重庆轨道交通集团的大力支持，同时受重庆市高等职业技术教育研究会课题"基于'互联互通'的城市轨道交通运营管理实训室建设研究"以及重庆公共运输职业学院科研项目（YSKY2023-12）的支持。

本次第 3 版教材在上一版本的基础上，根据轨道行业的最新发展，实时更新了相关内容，增加了课堂练习，补充了在线习题库，让教材具有更好的实操性。学校教师在借助本教材进行教学时，可积极运用教材中设计的课堂实践活动环节，激发学生对课程的学习兴趣，同时提升学生参与教学的积极性。教材虽经过多次版本更新，但由于行业也在不断变化，加上编者能力有限，难免有不足之处，恳请有关专家、教师、学员提出宝贵意见。

编　者
2024 年 12 月

第 2 版前言

目前，我国城市轨道交通正处在飞速发展时期，据不完全统计，我国已经开通运营、在建和正在规划建设城市轨道交通的城市已达 40 多个。城市轨道交通大规模发展，而城市轨道交通行业客运服务人员却严重匮乏，这对担负着该行业主要人才输送任务的职业院校也提出了越来越高的要求。

为了体现以行业为依托的办学标准，依据行动导向的教学理念，本书集结了具有丰富的轨道交通岗前培训经验的教师和轨道一线工作人员共同编写。紧密结合轨道交通现场实际，力求深入浅出、通俗易懂地阐述城市轨道交通客运服务过程中的心理现象，对乘客心理做出透彻分析，对轨道交通客运服务人员的心理素质培养进行指导，培养学生在服务过程中对乘客心理进行分析判断的能力、对乘客情绪进行调节的能力，帮助其正确地与不同个性的乘客进行沟通。

本书由重庆公共运输职业学院邹雄任主编，由重庆公共运输职业学院老师熊慧茹、王芳梅、梁晓芳任副主编，四人均有多年的城市轨道交通服务或应用心理学教学经验。本书由重庆大学心理学教授李志担任主审，其对本书内容进行了严格的把关。具体分工如下：邹雄负责第 1~7 章的编写工作；熊慧茹负责第 8 章和第 9 章的编写工作；王芳梅负责第 10 章的编写工作；梁晓芳负责第 11 章的编写工作。邹雄负责全书的结构策划、组织编写和统稿。本书得到了 2016 年重庆市"高等职业院校专业能力建设（骨干专业）"项目和"高职院校轨道运营专业学生服务意识培养的研究与实践"项目的支持，也得到了轨道交通相关单位的大力支持，在此表示衷心感谢。此外，感谢陈成、秦红、李玲玲、廖洪静、蒲承飞对本书编写工作的支持。

由于编写本书是一种新的尝试，加上编者能力有限，难免有不足之处，恳请有关专家、教师、学员提出宝贵意见。

编 者
2019 年 4 月

第1版前言

目前，我国城市轨道交通正处在飞速发展时期，据不完全统计，我国已经开通运营、在建和正在规划建设城市轨道交通的城市已达40多个。城市轨道交通大规模发展，而城市轨道交通行业客运服务人员却严重匮乏，这对担负着该行业主要人才输送任务的职业院校也提出了越来越高的要求。

为了体现以行业为依托的办学标准，依据行动导向的教学理念，本书结合了具有丰富轨道交通岗前培训经验的教师和轨道交通一线工作人员共同编写，紧密结合轨道交通现场实际，力求深入浅出、通俗易懂地阐述城市轨道交通客运服务过程中的心理现象，对乘客心理做出透彻分析，也对轨道交通客运服务人员的心理素质培养进行指导，培养学生在服务过程中对乘客心理进行分析判断的能力、对乘客情绪进行调节的能力，帮助其能够正确地与不同个性的乘客进行沟通。

本书由重庆公共运输职业学院邹雄、熊慧茹主编，由梁晓芳、杨笛、胡兴丽担任副主编，五人均有多年的城市轨道交通服务或应用心理学教学经验。本书由重庆大学心理学教授李志担任主审，其对本书内容进行了严格的把关。具体分工如下：邹雄负责第1~第6章的编写工作；熊慧茹负责第7、第8章的编写工作；梁晓芳负责第9章的编写工作；杨笛负责第10章的编写工作；胡兴丽负责第11章的编写工作。邹雄负责全书的结构策划、组织编写和统稿。与此同时，本书得到了轨道交通相关单位的大力支持，在此一并表示衷心感谢。此外，感谢陈成、秦红、李玲玲、廖洪静、蒲承飞对本书编写工作的支持。

由于编写本书是一种新的尝试，编者能力有限，难免有不足之处，恳请有关专家、教师、学员提出宝贵意见。

编者

2017年6月

目 录

认知篇：认识心理学

第一章 认识心理学……………………………………………………… 2
　　第一节　认识心理学…………………………………………………… 3
　　第二节　认识心理现象………………………………………………… 13

第二章 认识城市轨道交通客运服务……………………………………… 19
　　第一节　认识服务……………………………………………………… 20
　　第二节　城市轨道交通客运服务……………………………………… 26

服务篇：服务从心开始

第三章 乘客知觉分析……………………………………………………… 34
　　第一节　认识知觉……………………………………………………… 35
　　第二节　乘客的知觉分析……………………………………………… 41

第四章 乘客情绪调节……………………………………………………… 55
　　第一节　认识情绪……………………………………………………… 56
　　第二节　乘客的情绪分析和调节……………………………………… 65

第五章 乘客需求满足……………………………………………………… 72
　　第一节　认识需求……………………………………………………… 73
　　第二节　乘客的需求满足……………………………………………… 80

第六章 乘客个性与服务…………………………………………………… 89
　　第一节　认识个性……………………………………………………… 90
　　第二节　乘客的个性与服务…………………………………………… 96

第七章 乘客群体心理分析………………………………………………… 107
　　第一节　认识群体……………………………………………………… 108
　　第二节　乘客群体心理分析…………………………………………… 116

第八章 乘客投诉心理与处理……………………………………………… 122
　　第一节　认识乘客投诉………………………………………………… 123
　　第二节　乘客投诉心理与处理………………………………………… 130

素质篇：做一名优秀的城轨客运服务人员

第九章　城轨客运服务人员的职业素质 …………………………………… 142
　　第一节　城轨客运服务人员的职业守则 …………………………… 143
　　第二节　城轨客运服务人员的服务规范 …………………………… 147
第十章　城轨客运服务人员的心理素质 …………………………………… 161
　　第一节　城轨客运服务人员压力的缓解 …………………………… 162
　　第二节　城轨客运服务人员情绪的调节 …………………………… 167
附　录 ……………………………………………………………………… 176
　　附录1：《城市轨道交通客运服务规范》 …………………………… 176
　　附录2：《城市轨道交通客运组织与服务管理办法》 ……………… 188
参考文献 …………………………………………………………………… 194

课程 PPT　　　　　　　视频资源　　　　　　　提升练习

认知篇：
认识心理学

【篇章导航】

　　城市轨道交通客运服务是轨道交通运营企业为乘客提供安全、准时、快捷、方便、经济、舒适和文明的交通服务。在城市轨道交通客运服务过程中，乘客的心理状态和需求是多种多样的。乘客可能会因为出行目的、时间紧迫性、环境舒适度等因素而产生不同的心理反应。为了有效应对乘客的多样化需求，客运服务人员需要具备扎实的心理学知识和良好的职业素养，要能够识别乘客的情绪状态，理解乘客的需求和期望，并提供相应的服务。

　　在了解乘客的心理活动规律前，我们需要对心理学以及心理现象有一个基本的认识，为学习专业的心理学知识打下基础。很多人以为心理学就是读心术，学习了心理学就可以窥见他人的内心世界，将心理学想象成一门高深莫测的学问。其实，心理学是一门研究人的内心活动的学科，它源于生活，既古老又年轻，拥有严格的研究流程和方法。在认知篇中，我们将带领大家通过身边的心理现象逐渐揭开人类神秘的内心世界。

【篇章目标】

- ◆ 对心理学、心理现象有基本的认知
- ◆ 认识城市轨道交通客运服务
- ◆ 认识城市轨道交通客运服务心理学

【篇章内容】

- ◆ 第一章 认识心理学
- ◆ 第二章 认识城市轨道交通客运服务

第一章 认识心理学

【知识目标】

◇ 了解心理学相关概念
◇ 了解心理学的起源
◇ 了解心理学的流派
◇ 了解心理现象的分类

【能力目标】

◇ 能简单分析生活中的心理现象

【关键概念】

◇ 心理学、心理现象、古代心理学、现代心理学

【知识框架】

认识心理学
├── 认识心理学
│   ├── 心理学的概念
│   ├── 心理学的起源
│   ├── 心理学的分支
│   ├── 心理学的流派
│   ├── 心理学的研究方法
│   └── 城市轨道交通客运服务心理学
└── 认识心理现象
    ├── 心理现象的概念
    ├── 心理现象的分类
    ├── 生活中的心理现象
    └── 轨道交通中的心理现象

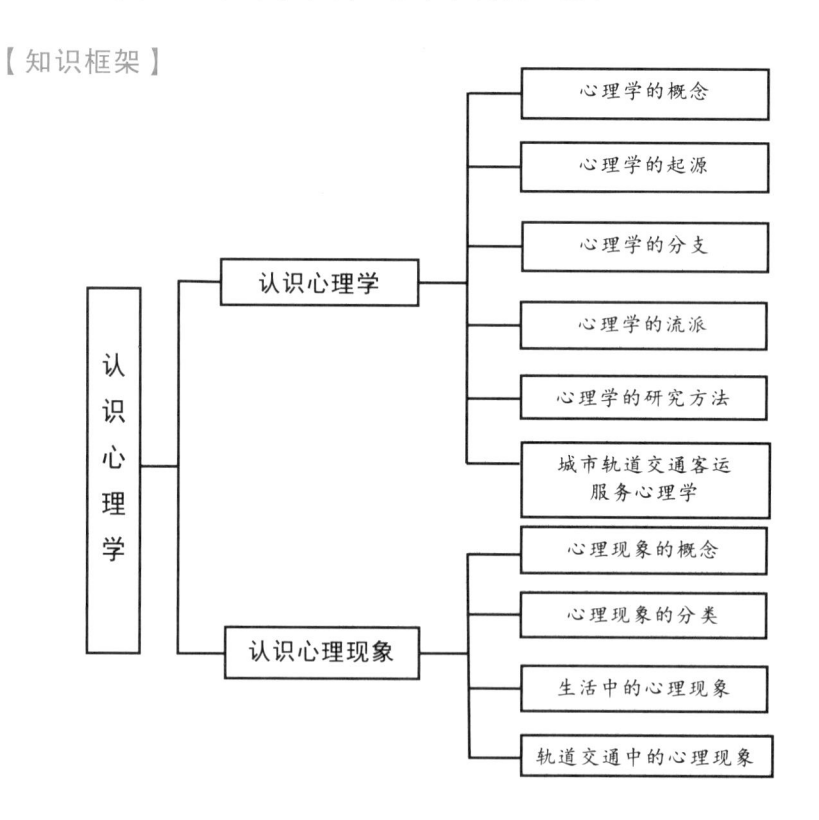

图 1.1 第一章知识框架图

第一节 认识心理学

一、心理学的概念

随着社会的发展和人们对心理健康的日益关注，心理学逐渐走进了人们的日常生活。无论是在教育、工作还是人际关系中，心理学都发挥着重要的作用。

心理学（Psychology）是关于人类思想、感情等规律研究的学问，是研究人的心理或精神以及心理活动及其发生、发展规律的科学。

图 1.2　心理学代表符号

心理学一词来源于希腊文，意思是关于灵魂的科学。"Psychology"源于希腊语的灵魂"psyche"，希腊文原文为"ψυχη"，因此，心理学标志符号为"Ψ"，"Ψ"是第二十三个希腊字母（大写Ψ，小写ψ，发音：/ˈpsaɪ/或/ˈsaɪ/，见图1.2）。

灵魂在希腊文中也有气体或呼吸的意思，因为古代人们认为生命依赖于呼吸，呼吸停止，生命就完结了。随着科学的发展，心理学的对象由灵魂改为心灵。

【课堂讨论 1.1】

心目中的心理学

很多人以为心理学就是读心术，学习了心理学就可以窥视他人的内心世界，将心理学想象成一门高深莫测的学问。其实心理学是一门研究人的内心活动的学科，它源于生活，既古老又年轻，拥有严格的研究流程和方法。

请大家谈一谈对心理学的印象，并将讨论结果写于下方。

（1）_____

（2）_____

（3）_____

二、心理学的起源

1. 古代心理学

心理学是一门既古老又年轻的学科。说其古老，是因为早在远古时代，人类就已经发现心理现象的存在并进行探究；说其年轻，是因为直到近代，心理学才真正脱离了哲学的范畴，逐渐被认可，成为一门独立的学科。

德国心理学家艾宾浩斯曾经说过:"心理学有一个悠久的过去,但却仅有一段短暂的历史。"实际上人们对心理现象的探索已经有几千年的历史了。早在公元前4世纪,古希腊哲学家亚里士多德(Aristotle,公元前384—前322,见图1.3)就著有《论灵魂》,这是西方最早关于心理现象、灵魂本质研究的著作。

在中国,心理学也同样有着悠久的历史。中国古代思想家很早就对人的各种心理现象进行了探索,如《诗经》《周易》《尚书》等典籍中就明确记载了许多关于人的身心关系、自我意识、群体心理以及个体心理过程等心理学思想。

图1.3 古希腊哲学家亚里士多德(Aristotle)

但是,古代心理学在方法上只靠不充分的观察和描述,仍然不能摆脱主观的臆测和想当然的推论,心理学还不能够成为独立的学科,只能从属于哲学或其他学科。

【拓展阅读1.1】

中国古代心理学——《周易》

在中国传统文化中,《周易》被称为"群经之首""大道之源",其中蕴藏着丰富的心理学思想。

例如,《周易》中提到:

天行健,君子以自强不息;地势坤,君子以厚德载物。

意为:君子应该像天一样,锐意进取;要像大地一样,增厚美德、容载万物。这象征着人类心理的发展,包含深刻的人格心理学。

又如,《周易》中提到:

君子安其身而后动,易其心而后语,定其交而后求。

意为:君子先使自己本身安定,然后才去行动;先使自己心平气和,然后才开口说话;与人确定交情之后,才能提出自己的要求。

这便是人的心理学的最初形态,也是心态平衡的基础因素。

2. 科学心理学的诞生

作为一门科学,心理学的历史十分短暂。19世纪中叶以后,自然科学迅猛发展,为心理学成为独立的科学创造了条件,尤其是德国感官神经生理学的发展,为心理学成为独立的科学起了较为直接的促进作用。

德国心理学家威廉·冯特(Wilhelm Wundt,1832—1920,见图1.4)是科学心理学的创始人,他开创了心理学成为一门独立的实验科学的历史。冯特在海德堡大学任教的10年间，集其研究成果，于1874年出版了《生理心理学原理》。该书被生理学界和心理学界推崇为不朽之作，堪称学术史上的"心理学独立宣言"。

1879年，冯特在莱比锡大学建立了世界上第一个心理学实验室，标志着科学心理学的诞生。从此，心理学从哲学中分化出来，成为一门独立的学科，形成了注重实验和实证的科学心理学的传统，开始了其蓬勃发展的历程。

图1.4 德国心理学家冯特·威廉（Wilhelm Wundt）

三、心理学的分支

心理学是一门应用广泛的学科，具有众多分支，并和多个领域产生交集。

1. 根据研究目的划分

根据其研究目的来划分，心理学分为基础心理学和应用心理学两个大类（见图1.5）。

（1）基础心理学。

基础心理学（Basic Psychology）是心理学研究的一个核心方向，它主要研究心理学的基本原理和心理现象的一般规律。

基础心理学的主要分支有生物（生理）心理学、认知心理学、发展心理学、学习心理学、社会心理学、人格心理学等。

（2）应用心理学。

应用心理学（Applied Psychology）是心理学的一个重要方向，主要研究如何将心理学的理论和研究应用到实际生活中。

应用心理学的主要分支有临床心理学、产业心理学、教育心理学、灾害心理学、犯罪心理学、运动心理学等。

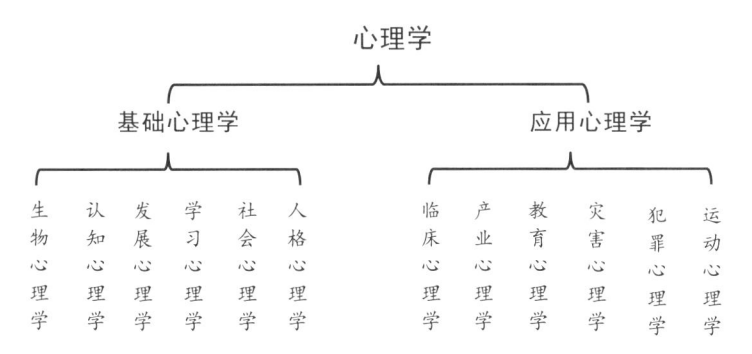

```
                        心理学
              ┌───────────┴───────────┐
          基础心理学                应用心理学
       ┌────┬────┬────┬────┐    ┌────┬────┬────┬────┬────┐
       生   认  发  学   社  人   临  产  教  灾  犯  运
       物   知  展  习   会  格   床  业  育  害  罪  动
       心   心  心  心   心  心   心  心  心  心  心  心
       理   理  理  理   理  理   理  理  理  理  理  理
       学   学  学  学   学  学   学  学  学  学  学  学
```

图1.5 心理学的分支

2. 根据研究领域划分

根据研究领域来划分，心理学形成了许多分支。

（1）根据研究对象的主体不同，分为犯罪心理学、教师心理学、儿童心理学、青年心理学、老年心理学等。

（2）根据研究的实践领域和具体内容的不同，分为教育心理学、社会心理学、工业心理学、军事心理学、医学心理学、运动心理学、文艺心理学、商业心理学、管理心理学等。

（3）根据心理现象的范畴不同，分为感知心理学、记忆心理学、思维心理学、言语心理学、情感心理学、意志心理学、个性心理学等。

（4）根据心理学的方法和技术不同，分为实验心理学、咨询心理学、心理测量学、心理统计学、心理治疗学、心理卫生学等。

四、心理学的流派

心理学的分支越来越多，目前已达一百多个学科。随着人类社会实践活动领域的不断扩大，心理学的研究课题会越来越广泛，其分支会越来越多，心理科学的结构体系将日益完善。其中，精神分析学派、行为主义、人本主义心理学影响最大，被称为"心理学的三大主要势力"。

1. 精神分析流派

精神分析产生于19世纪末20世纪初，由奥地利医生弗洛伊德（S. Freud，1856—1939，见图1.6）创立。与传统心理学派别不同，精神分析学派不关心对意识经验和正常行为的研究，它强调心理学应研究无意识现象和异常行为。该学派的理论依据来自对精神病患者诊断治疗的临床经验。

弗洛伊德认为，人格是由本我、自我和超我构成的系统。一个人的精神状态是人格的这三种力量相互矛盾冲突的结果。并且认为，意识是人的整个精神活动中很小的一部分，处于心理表层。无意识才是人的精神活动的主体，处于心理的深层，它是被压抑的或未变成意识的本能冲动。性欲则是人的所有本能冲动中持续时间最长、冲动力最强，对人的精神活动影响最大的本能。

图1.6 精神分析流派创始人弗洛伊德（S. Freud）

弗洛伊德对心理学的重要贡献在于，他把心理区分为意识和无意识，并关注需要、动机等心理的动力因素，但他把人的一切行为都看成是被压抑的性欲的表现，认为无意识决定意识甚至决定社会发展是错误的。

【拓展阅读 1.2】

心理学家——西格蒙得·弗洛伊德

西格蒙得·弗洛伊德（S. Freud），1856年5月6日出生于奥地利的一个普通家庭。父亲雅各布·弗洛伊德是一位善良老实的羊毛商人，母亲阿玛莉亚·那萨森是父亲的第三任妻子，长得很漂亮，但性格暴躁。弗洛伊德是他父亲的第三个孩子。

1873年秋，弗洛伊德进入维也纳大学医学专业，并于1881年获得医学博士学位。在此期间，他受到了达尔文进化论思想的影响，将主要精力集中在神经病学上。弗洛伊德从维也纳大学毕业后，开始在维也纳综合医院工作，这一时期，弗洛伊德从一个神经学家转变为一名精神病理学家，从对躯体的研究转向对心理的研究。

1895年，弗洛伊德与布雷尔将共同研究歇斯底里病症的成果——《歇斯底里症研究》一书出版。这本书的出版为弗洛伊德精神分析学的创立奠定了理论基础。在研究歇斯底里症的过程中，弗洛伊德在医学史和心理学史上第一次使用了"精神分析学"这个概念。

1897年，弗洛伊德开始了自我分析。进行自我分析的主要方法是分析自己的梦。在进行了两年的自我分析后，他认为心理障碍是由于性紧张累积而引起的。他把分析的结论写成了《梦的解析》一书并于1899年出版。该书后来被许多人推崇为弗洛伊德最伟大的著作，但这本书也遭到大量批评。弗洛伊德在余生一直坚持自我分析。

1939年9月23日，弗洛伊德于伦敦去世。

2. 行为主义流派

1913年，美国著名的心理学家华生（J. B. Watson，1878—1958，见图1.7）发表了《一个行为主义者眼中所看到的心理学》，宣告了行为主义学派的诞生。

行为主义有两个重要的特点：一是反对心理学研究看不见、摸不着的意识，主张研究可以观察的事件，即行为。二是反对内省，主张用客观研究的方法，即实验的方法。

图1.7 行为主义流派创始人 华生（J. B. Watson）

在华生看来，意识是看不见、摸不着的，因而无法对它进行客观的研究。心理学的研究对象不应该是意识，而应该是可以观察的事件，即行为。同时，行为主义把刺激—反应（S-R）作为解释行为的基本原则。

行为主义产生后，对世界各国心理学界产生了很大的影响。行为主义极力主张客观研究方法，使心理学的研究更严谨、更加自然科学化，这对心理学走上客观研究的道路有积极的作用。然而，由于完全否定了对人的心理意识的研究，以行为和生理反应代替心理现象，把人与动物等同起来，以及分析行为用机械主义观点，这些都限制了心理学的健康发展。

【拓展阅读 1.3】

心理学实验——斯金纳箱实验

斯金纳箱是由心理学家斯金纳设计的一种动物实验仪器，用来验证动物的操作性条件反射。箱内放进一只白鼠或鸽子，并设一杠杆或键，箱子的构造尽可能排除一切外部刺激。动物在箱内可自由活动，当它压杠杆或啄键时，就会有一团食物掉进箱子下方的盘中，动物就能吃到食物。箱外有一装置记录动物的动作。

实验1：奖励实验

将一只很饿的小白鼠放入一个有按钮的箱中，每次按下按钮，则掉落食物，观察小白鼠是否会自发学会按按钮。

实验2：惩罚实验

将一只小白鼠放入一个通电的有按钮的箱中，每次小白鼠按下按钮，则箱子断电，观察小白鼠是否会自发学会按按钮。

实验3：概率性奖励实验

将一只很饿的小白鼠放入斯金纳箱中，多次按下按钮，食物有概率地掉落，观察小白鼠是否会自发学会按按钮。

讨论：

你觉得三个斯金纳箱实验的结果会怎么样，小白鼠在不同情况下是否都会学会按按钮的行为？

在不同情况下，小白鼠会出现什么样的区别？

（1）_____

（2）_____

（3）_____

3. 人本主义流派

人本主义心理学在 20 世纪 50—60 年代兴起于美国，是美国当代心理学主要流派之一，由美国心理学家马斯洛（A. Maslow，1908—1970，见图 1.8）创立，代表人物有罗杰斯（C. Rogers，1902—1987）等人。

人本主义心理学反对精神分析和行为主义学派对心理学研究的窄化及偏颇。人本主义和其他学派最大的不同是特别强调人的正面本质和价值，认为人的本质是好的、善良的，人不是受无意识欲望的驱使并为这些欲望而挣扎的动物。人有自由意志，有自我实现的需要。人在充分发展自我的潜力时，只要有适当的环境，就会力争实现自我的各种需要，从而建立完善的自我，并追求建立理想的自我，最终达到自我实现。

图1.8 人本主义流派代表心理学家马斯洛（A. Maslow）

从某种意义上说，人本主义心理学是一种健康人格心理学，甚至有人认为精神分析学说为我们提供了心理学病态的那一半，而人本主义心理学为我们将健康另一半补充完整。人本主义心理学派的不足之处，在于错误地理解了人的本质，把人看成人性的人，而不是社会关系的总和，因而其对人的内心世界的某些描述常常是从个人出发的。

五、心理学的研究方法

心理学的研究方法多种多样，旨在探索、解释和预测人类行为和思维过程。以下是一些常见的心理学研究方法。

1. 实验法

实验法（Experimental Method）指在控制条件下对某种心理现象进行观察和研究的方法。

实验法在科学研究中的应用最广泛，也是心理学研究的主要方法。

实验法主要包括实验室实验法和自然实验法两种形式。

在实验室实验法中，研究者会在严格控制的条件下进行实验，以排除外界干扰因素，从而更精确地观察和测量心理现象。

而在自然实验法中，研究者会在被试的日常生活或工作环境中进行，适当地控制某些条件，以研究心理现象。

实验法的基本原理是控制观察环境和操作方式，以便研究者能够观察和测量变量之间的关系。它通常包括实验组和对照组的设置，以比较两组之间的差异，从而验证某个心理学理论。此外，心理实验法还可以通过随机对照和双盲实验等方式，进一步增强实验的可信度，避免实验者和被试的心理因素干扰实验结果。

【拓展阅读 1.4】

心理学实验——棉花糖测试实验

棉花糖实验（Stanford Marshmallow Experiment）是斯坦福大学沃尔特·米歇尔（Walter Mischel）博士于 1966 年到 20 世纪 70 年代早期在幼儿园进行的有关自制力的一系列心理学经典实验。

实验中，四到六岁的孩子们被领到了一个房间里，他们面前的桌上都放着一块棉花糖。在让孩子们独处前，实验人员告诉他们，如果 15 分钟后自己面前这块糖还在桌上，那么他们就能额外获得一块糖。实验人员记录了每个孩子的忍耐时间，并且尝试找出这些数据与孩子们成年后成功之间的关联。

实验结果表明，在 600 个孩子中，少数选择立刻吃掉糖果，但也有 1/3 的孩子忍过了 15 分钟，获得了第二块糖果。在后来的跟踪调查中，米歇尔发现那些能延后满足的孩子拥有更强的能力，并在 SAT 考试中获得了比同龄人更高的分数，证明这项品质很有可能会伴随人的一生。当时部分学者认为，忍耐不吃糖的小孩具备更强的意志力，能为了长远利益放弃暂时的欢愉，这种"延迟满足能力"正是他们成为人生赢家的原因。

不过，最近有学者对这个实验结果提出了质疑，他们认为那些选择没有吃掉棉花糖的孩子之所以会做出这样的选择，可能受其他因素影响。

讨论：

你觉得实验中一些孩子之所以没有吃掉棉花糖，是否受其他因素影响？如果你觉得受其他因素影响，那是什么呢？请将讨论结果写于下方。

（1）_____
（2）_____
（3）_____

2. 观察法

观察法（Observational Method）在自然条件下，对表现心理现象的外部活动进行有系统、有计划地观察，从中发现心理现象产生和发展的规律性的方法。

观察法可以分为不同的类型，如长期观察和定期观察。

长期观察是指在长时间内进行有计划的、系统的观察，积累资料并进行分析，以研究心理发展的特征或规律。

定期观察则是按照一定的时间间隔进行观察，如每周一次，以研究心理活动的特征及其规律性。

观察法的优点包括方便易行、环境自然、描述准确、可比性强以及适用范围广。它不需要被试接受特定的训练或任务，只需要在自然环境中观察所需的对象或行为。因此，它能够获取真实可靠的信息，并能够对研究对象进行深入的描述和理解。

下面是儿童心理学创始人普莱尔（W.T.Preyer）关于他的孩子从出生第一天起不断发展的观察记录：

第 1~3 天：主要是手碰到脸的动作。

第 5 天：他的手指把我的一只手指握得很紧，但他的脚趾不能。

第 9 天：小孩睡觉时并不握着大人放在他手里的手指。

……

第 117 天：我第一次看到我的小孩认真地用手抓东西。

3. 调查法

调查法（Investigation Method）是通过交谈、答卷等形式收集原始资料，并对这些资料进行分析和讨论，从而获取关于研究对象的认识的方法。

调查法通常通过问卷、访谈、测验或其他形式的标准化工具来收集数据，并对这些数据进行统计分析，以揭示心理现象的本质和规律。

调查法的形式主要包括问卷调查法和访谈法。

问卷调查法是通过设计问卷，让被试在问卷上填写答案，以收集数据的方法。这种方法具有标准化程度高、便于统计分析和节省人力物力等优点。

访谈法则是通过研究者与被试进行面对面的交谈，以深入了解被试的心理特征、态度和行为等。这种方法灵活性较高，能够获取较为详细和深入的信息。

调查法的应用领域十分广泛，包括社会心理学、差异心理学、教育心理学等。通过调查人们的观点、态度和行为，研究者可以了解人类的社会心理、个体差异和教育状况等方面的情况。

调查法虽然具有诸多优点，但也存在一定的局限性。例如，问卷调查法可能受到被试主观性的影响，导致数据失真。因此，在使用心理调查法时，需要确保研究设计的科学性和合理性，以获取准确可靠的研究结果。

4. 心理测试法

心理测试法（Measurement Method）指使用预先经过标准化的问题或量表来测量某种心理品质的方法。

心理测试法有多种类型，如智力测试、情商测试、职业能力倾向测试以及个性测试等。每种测试都有其特定的目的和应用范围。例如，智力测试主要用于评估个体的学习能力和适应环境能力，而情商测试则关注个体在情绪管理、人际交往等方面的能力。

需要注意的是，心理测试法虽然具有一定的科学性和有效性，但也存在其局限性和不足。比如，测试结果的准确性和可靠性受到多种因素的影响，如测试环境、测试者的心理状态等。因此，在使用心理测试法时，需要确保测试过程的科学性和规范性，并结合其他评估手段进行综合判断。

可通过【课堂练习 1.1】进行一个简单的心理测试，来体验一下心理测试的方法与过程。

六、城市轨道交通客运服务心理学

城市轨道交通客运服务心理学（Urban Rail Transit Passenger Service Psychology）是一门研究在城市轨道交通环境中，乘客以及客运服务人员的心理活动规律的学科。

城市轨道交通客运服务心理学是心理科学的分支学科，是心理学基本理论和方法在轨道交通领域的应用和发展。它旨在通过深入剖析乘客的心理需求、行为特征以及服务人员的心理状态，来优化服务流程，提升服务质量，进而增强乘客的满意度和忠诚度。

总的来说，城市轨道交通客运服务心理学在提升轨道交通服务质量、优化乘客体验方面发挥着重要作用。随着轨道交通行业的不断发展，这门学科的研究和应用也将更加深入和广泛。

城市轨道交通客运服务心理学主要分为乘客心理与客运服务人员心理素质两个方面。

1. 乘客心理

乘客心理包括以下几个方面：

（1）知觉分析。探讨乘客对于轨道交通客运服务的感知来源，以及影响乘客感知的相关因素，以便了解工作人员自身行为对于乘客感知的影响。

（2）情绪管理。了解乘客常见的情绪类型、情绪表现等，并掌握缓解乘客不良情绪的方法。

（3）需求满足。了解乘客在乘坐城市轨道交通工具的过程中的主要需求，以及如何满足这些需求。

（4）个性分析。了解不同个性的乘客的心理特点，掌握不同个性乘客的服务要点。

（5）群体心理。了解不同乘客群体的心理特征，掌握面对不同乘客群体时的服务技巧。

（6）投诉心理。了解乘客投诉的心理原因以及导致乘客投诉的相关因素，并掌握应对乘客投诉的技巧。

2. 客运服务人员的心理素质

客运服务人员的心理素质包括以下内容：

（1）职业素养。了解客运服务人员的职业道德和服务规范，增强自身的服务意识等。

（2）心理素质。学习提升抗压能力和情绪掌控能力的方法。

第二节　认识心理现象

一、心理现象的概念

心理现象（Mental Phenomena）是个体对客观物质世界的主观反映，是心理活动的表现形式。

心理现象人皆有之，它是每个人在日常生活中都会体验到的一种内心活动，它涉及个体对外部世界的感知、思考、情感反应以及意志行动等多个方面，这些心理现象相互交织、相互影响，共同构成了我们丰富多彩的内心世界。了解和研究心理现象有助于我们更好地理解自己和他人，提高生活质量，促进个人和社会的健康发展。

【拓展阅读 1.5】

心理现象——拖延症

你是不是总想着这样那样的计划，但从来没有去实施？

你是不是明知道完不成任务会受惩罚，但还是迟迟不去做？

你是不是不到最后时刻不会去做早应该做的事情？

这都是拖延症的表现，明知道时间宝贵，但就是缺少时间管理的能力与行动力。

拖延症是一种复杂的心理现象，可能由多种因素导致，如缺乏自律、害怕失败、注意力不集中等。如果你觉得自己可能存在拖延问题，建议寻求专业的心理咨询或治疗帮助，以便更好地了解并解决这个问题。

如果想具体了解自己的拖延症是否明显，可以通过【课堂练习 1.1】的拖延症测试哦。

二、心理现象的分类

心理现象分为心理过程和个性心理两个方面（见图 1.9）。

```
                    ┌ 认知：感觉、知觉、记忆、思维、想象等
           ┌ 心理 ─┤ 情绪情感：喜、怒、哀、乐等
           │ 过程  └ 意志：坚持、信念、信仰等
  心理    ─┤
  现象     │      ┌ 个性倾向性：需要、动机、兴趣、信念等
           └ 个性 ─┤ 个性心理特征：能力、气质、性格等
             心理  └ 自我意识：自我认知、自我体验、自我调控等
```

图 1.9　心理现象的分类

1. 心理过程

心理过程（Psychological Process）指心理现象发生、发展和消失的过程，具有时间上的延续性。包括人的认知过程、情绪和情感过程、意志过程。

认知过程指人以感知、记忆、思维等形式反映客观事物的性质和联系的过程，是人认识客观世界的活动中所表现的各种心理现象，包括感觉、知觉、记忆、思维、想象等。

情绪和情感过程是人对客观事物的某种态度的体验，是人认识客观事物时产生的各种心理体验过程。例如愉快、气愤、悲伤等，它总是和一定的行为表现相联系。

意志过程是人们为实现奋斗目标，努力克服困难，完成任务的过程，是有意识地克服各种困难以达到一定目标的过程。在意志过程中产生的行为就是意志行为。

知、情、意不是孤立的，而是互相关联的一个统一的整体，它们相互联系、相互制约、相互渗透。

2. 个性心理

个性心理（Personality Psychology）指表现在一个人身上比较稳定的心理特性的综合，是一个人总的精神面貌，反映了人与人之间稳定的差异的特征。

个性心理包括了个性倾向性、个性心理特征和自我意识几个方面。

个性倾向性表现了一个人的意识倾向，是个体行为活动的动力系统，由需要、动机、兴趣、理想、信念和价值观组成。

个性心理特征包括能力、气质、性格等。它表现着个体典型的心理活动和行为特点。

自我意识是个性结构中的自我调节系统，主要包括自我认识、自我体验和自我控制三个部分。与心理过程具有人类的共性相反，个性心理具有人类的个别性，体现了人与人之间的个体差异。

由于每个人的先天素质和后天生活环境不同，因此，心理过程总是带有个人的特征，如有的人观察敏锐，有的人粗枝大叶；有的人记得快且牢，有的人记得慢且易忘；有的人思维灵活，有的人思维呆板；有的人情绪稳定，有的人情绪容易波动；有的人意志果断、坚忍不拔，有的人优柔寡断、朝三暮四；在行为表现方面，有的人活泼好动，有的人沉默寡言；有的人热情友善，有的人冷漠无情。这些都是个体在气质和性格方面的差异。

三、生活中的心理现象

在日常生活中，我们经常会发现一些有趣的现象。例如，一些幼儿会把自己的玩具藏起来，不让其他小朋友找到；会模仿大人安抚哭闹的小朋友；会揣摩母亲的面部表情，分析她是否在生气，当发现妈妈生气时，便会乖乖地不再胡闹……这些实际上就是儿童心理现象的表现。

成人的心理活动更加丰富。以初次约会为例，为了给对方留下最佳的第一印象，约会前，人们一般会特别费心地注意自己的外表修饰，见面时往往表现得彬彬有礼；同时也会仔细地观察对方，除了揣摩自己给对方留下的印象外，也会仔细观察、分析对方的性格特征，并决定自己应该采取怎样的态度去对待对方。通过研究发现，如果交谈中的两个人，一个对另一个有好感，会不自觉地模仿对方的动作和神态。

【发散思维】

除了本书中提到的心理现象外，想一想生活中还有哪些心理现象？

（1）_____
（2）_____
（3）_____

上述种种揣摩他人心思、模仿他人行为举止并做出反应的现象都属于心理学的范畴。在实际生活中，人们经常自觉或不觉地观察他人的行为和语言等外在表现，并据此来判断他们的心理。

四、轨道交通中的心理现象

城市轨道交通客运服务的对象是广大乘客。在乘坐过程中，乘客候车时是否遵循秩序、上车后选择什么样的位置、遇到突发事件如何应对、遭遇服务不满时如何回应等，都体现了乘客的心理活动。

1. 为什么乘坐地铁时大家都喜欢挤在门口？

每一个乘坐过地铁的人应该都有这样的经历：走进车厢，比肩接踵，无助地回避着陌生人的目光。文明乘坐礼仪告诉我们要往车厢中部走，车厢中部一般空间较大，但很多人都不愿意往车厢中部走，而是选择站在门口，这是为什么呢？

毕竟，我们在其他的公共场合能够做到这一点。例如，当行人走在人行道上，他们懂得利用缝隙快速超过走得慢的人或者人群。但公共交通限制了我们的行动，因此，我们优先考虑获得控制权，即使牺牲舒适性也在所不惜。这最终变成了一种避免和其他人接触的行为，而它也很好地解释了为什么我们总是盯着车顶却能够在第一时间抢到空位，并能够阻止别人往窗边移动。《纽约时报》曾有一则报道指出：站着的乘客避免与坐着的乘客进行眼神交流的想法非常强烈，门口的位置似乎是一个不错的选择，尽管不太舒适（见图 1.10）。芝加哥某网站开展了一项互动调查，探究乘客最喜欢站或坐在哪里，而绝大多数人的回答是"只要不靠近你"。

"靠近门的位置给乘客一种能够掌控局面的感觉。"纽约大学坦登工程学院环境心理学家理查德·维纳（Richard Wener）解释道。那个站在车厢中部的人可能主动选择不挪窝。"因为如果他挪动了位置，他所在的地方可能会变得更加拥挤。"维纳说。维纳认为某些乘客对他们占据的空间表现出一种保护倾向。当门关得过快，乘客满心戒备，担心无法及时下车。乘客的焦虑可以通过更加明确的关门倒计时来消除。

图 1.10　美国纽约市地铁车站候车乘客

2. 如何让乘客让座？

如何才能让其他乘客为你让座呢？心理学家给出了一个出乎大家意料的答案。

建议很简单易行，你只需要说出你的想法。一句简单的"嘿，你能往左边挪一下吗？"甚至是"不好意思"都能发挥作用。

有一项研究支持了这一观点。社会心理学家斯坦利·米尔格拉姆（Stanley Milgram）以其饱受争议的服从实验而著称。1972 年，他还做过一个违背实验。实验中，米尔格拉姆让大学毕业生乘坐地铁，在不同的情况下（没有正当理由，或者有合理的原因，如"我没法站着看书"）请求别人让座。结果发现，人们礼貌得令人惊讶——在"没有正当理由"的情况下，总共有 68% 的人起身，或者换了座位。但是，在"有正当理由"的情况下，乘客让座的概率却降低了。

米尔格拉姆的学生也表示，在执行任务的时候压力很大，许多参加这个实验的学生感觉自己很难开口去要求他人让座。其实这种现象不难解释。在地铁里寻求他人帮助的同时，也意味着自己有可能被陌生人拒绝。尽管如此，如果你还需要和某个抵着你手肘的人共处 40 分钟的话，谋求一点空间也会让你更加舒适。不要那么小心翼翼，只要你开口了，总有人会给你腾出空间的。

【课堂讨论 1.2】

轨道交通中的心理现象——为什么没有人让座？

在乘坐轨道交通工具的过程中，你是否遇到这种情况：看到一位老人上车，心里想着是否要给老人让座，但犹豫了一阵，最终没有实施这个想法。这个选择让自己有些内疚，但是什么令你做出这样的行为呢？

以小组为单位进行讨论，并将讨论结果写于下方。

（1）_____

（2）_____

（3）_____

【课堂练习1.1】

心理测试——拖延症测试

"拖延症测试"是一种心理测试工具，旨在初步评估个体是否有拖延症的倾向。这项测试相对简单，可以帮助人们了解心理学调查研究的基本方法与流程。通过参与本次心理测试，参与者能够对自己的行为模式有更深入的理解。

以下为心理学家皮尔斯·斯蒂尔（Piers Steel）的拖延症测试，请根据自身的情况，在下列表格中打钩，看看你满足以下几条（见表1.1）：

表1.1 拖延症测试

测试题目	我不会这样	我很少这样	我有时这样	我时常这样	我总是这样	计分
1.我将任务推迟到了不合理的程度						
2.不管什么事情，只要我觉得需要做，就会立即去做						
3.我经常为没有早些着手而后悔						
4.我在生活中的某些方面经常拖延，尽管明知道不应该这么做						
5.如果有我应该做的事情，我会先做完它，再去做那些次要的						
6.我拖得太久，这令我的健康和效率都受到了不必要的影响						
7.总是到了最后，我才发现其实可以把时间用到其他地方						
8.我很妥善地安排我的时间						
9.在本该做某件事的时候，我却去做别的事情。						
总　分						

计分规则：

正向题目（1、3、4、6、7、9题）："我不会这样"计1分，"我很少这样"计2分，"我有时这样"计3分，"我时常这样"计4分，"我总是这样"计5分。

反向题目（2、5、8题）："我不会这样"计5分，"我很少这样"计4分，"我有时这样"计3分,"我时常这样"计2分,"我总是这样"计1分。

19分及以下:"要紧的事先做"是你的座右铭。

20～23分:表现不错。

24～31分:有拖延的情况,但不严重。

32～36分:拖延情况严重,不要继续了。

37分及以上:"明天做吧"是你的口头禅。

讨论:

拖延症是人们生活中常见的心理现象,想一想,可以通过哪些方式来缓解此种现象呢?

将讨论结果写于下方。

(1)＿＿＿＿＿＿＿＿＿＿＿＿＿＿＿＿＿＿＿＿＿＿＿＿＿＿＿＿＿＿＿＿

(2)＿＿＿＿＿＿＿＿＿＿＿＿＿＿＿＿＿＿＿＿＿＿＿＿＿＿＿＿＿＿＿＿

(3)＿＿＿＿＿＿＿＿＿＿＿＿＿＿＿＿＿＿＿＿＿＿＿＿＿＿＿＿＿＿＿＿

第二章 认识城市轨道交通客运服务

【知识目标】

◇ 了解服务的概念、特性
◇ 了解服务业的分类
◇ 掌握服务意识的概念
◇ 掌握城市轨道交通客运服务的概念与内容

【能力目标】

◇ 能够分析服务的特性
◇ 适度增强自身的服务意识,提升服务水平

【关键概念】

◇ 服务、服务业、服务意识、城市轨道交通客运服务

【知识框架】

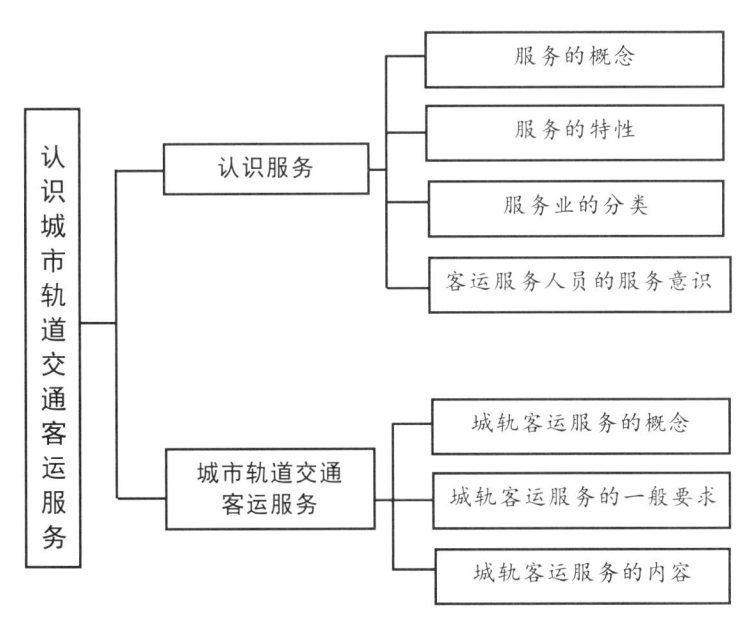

图 2.1 第二章知识框架图

第一节　认识服务

一、服务的概念

《现代汉语词典》(第7版)中对服务的解释是这样的：为集体（或别人）的利益或为某种事业而工作。

世界营销大师菲利普·科特勒认为服务是一方提供给另一方的无形的且不导致任何所有权转移的活动或利益。

美国市场营销协会关于服务的定义是：用于出售或者同产品连在一起进行出售的活动、利益或者满足感。

中华人民共和国国家标准 GB/T 15624—2011《服务标准化工作指南》中关于服务的定义：

服务（Service）是服务提供者与顾客接触过程中所产生的一系列活动的过程及其结果。

这种服务活动是为他人提供以满足他人需求的，同时价值双赢的活动。服务的结果通常是无形的，它是一种人与人之间的沟通与互动。

二、服务的特性

服务是一种满足顾客需求的活动过程，服务活动具有以下特性。

1. 无形性

相对有形的商品而言，服务产品是无形的，因为服务是由一系列活动所组成的过程，而不是实物，这个过程我们不能像有形商品那样看到、感觉或者触摸到。对于大多数服务来说，购买服务并不等于拥有其所有权，如城市轨道交通公司为乘客提供服务，但这并不意味着乘客拥有了列车上的座位。

2. 差异性

服务的差异性主要由员工和顾客之间的相互作用以及伴随这一过程的所有变化因素引起。顾客能否清楚表达自己的需求、员工的服务能力和意愿、顾客的到达情况以及他们对服务的需求程度等因素，都可能导致服务的差异性。特别是由于心理因素具有不可控性，即使是同一名服务员，在不同时间提供的服务也可能不一致，从而产生服务差距。此外，不同的顾客对服务的期望和体验感受各不相同，这也是服务差异产生的原因之一。

3. 不可分离性

服务的特性是"生产"与"消费"同时发生，无法分割。例如，当我们接受律师咨询或是去美容时，律师、美容师提供服务，顾客在现场，所以顾客与服务提供商的互动关系都会影响服务的结果。不像实体物，例如矿泉水，生产与消费是分割的。服务的过程需要供方和需方的共同参与才能形成服务产品。缺少其中任何一方，都无法构成完整的服务产品。

4. 不可储存性

服务提供的时间、地点、方式和渠道共同决定了服务的即时性。由于相同的服务会因时间的不同而形成所谓的"二次服务"，这表明服务具有不可储存的特点。因此，我们可以说服务的不可储存性也体现了其即时性的特征。明确了解服务的基本特征，才能进一步研究如何提高服务质量的问题。例如，电影开场后不论只有一位顾客还是满场顾客，都要完整地放映；游乐场不论在暑假服务需求多时还是开学后服务需求少时，都要提供相等的服务质量，无法将淡季的服务能力储存到旺季来使用。

城市轨道交通客运服务的本质体现在员工的工作表现上。这种服务是城市轨道交通企业提供给乘客的一种无形产品。重要的是，这种产品的特点是消费和生产同时发生，且具有不可储存性。

三、服务业的分类

1. 流通服务

流通服务（Distribution Service）包括零售、批发、仓储、运输、交通、邮政、电信等。

零售和批发是商流服务，仓储和运输是物流服务，交通是客流服务，邮政和电信是信息流服务。

图 2.2　正在进行流通服务的城市轨道交通列车

交通服务分为公路客运、铁路客运、城市公共交通等服务；邮政服务是包裹信件服务、特快专递；电信则是移动信息服务（见图 2.2）。

2. 生产和生活服务

生产和生活服务（Production and Living Service）包括银行、保险、证券、房地产、租赁、咨询、广告、职业介绍、会计事务、律师事务、旅游、餐饮、娱乐、美容、家政服务等。

这些服务项目针对生产和生活分别会有不同种类的服务细项。总体而言，银行、证券、咨询、会计事务偏向生产服务；餐饮、旅游、娱乐、美容、家政服务等偏向生活服务；保险、房地产、租赁、职业介绍、律师事务属于兼顾生产生活类的服务。

3. 精神和素质服务

精神和素质服务（Spiritual and Quality Service）主要是指向为满足人们精神需要

和身体素质需要的服务。其中教育、文艺、科学、出版业、新闻传媒等服务于人的精神享受和精神素质的需要，而体育运动、医疗卫生、环境保护等服务于人的身体素质的需要。

4. 公共服务

公共服务（Public Service）主要指政府机构提供的维持秩序和功能保障性的服务，大致可以划分为提供公共物资和维持公共环境两大类。

其中，提供公共物资包括提供水、电、气等具有实物形态的产品和教育、医疗等非实物形态的产品；维护公共环境包括维持安全稳定的社会环境、秩序井然的经营市场环境、公平正义的法治环境、良好的就业环境等。

【拓展阅读 2.1】

服务业——国民经济第一大产业

我国将产业划分为三类：第一产业即农业，包括种植业、林业、畜牧业、水产养殖业等；第二产业为工业，包括制造业、采掘业、建筑业、公共工程等；第三产业为服务业，包括商业、金融、交通运输、通信、教育等。在40年前，我国一、二、三产业中农业占比最大，其次是工业，然后是第三产业。但随着时代发展，产业结构排序变成了"三、二、一"，第三产业排到了第一名（见图2.3）。

2023年，服务业继续发挥对经济增长的主引擎作用。2023年服务业增加值688 238亿元，比上年增长5.8%，对国民经济增长的贡献率为60.2%。服务业增加值占国内生产总值比重为54.6%，高出上年1.2个百分点。四季度，服务业增加值180 762亿元，同比增长5.3%。

图2.3 服务业与中国经济

现代服务业支撑作用增强。2023年，信息传输、软件和信息技术服务业，租赁和商务服务业，金融业增加值比上年分别增长11.9%、9.3%和6.8%，共拉动服务业增加值增长2.5个百分点，较上年提高0.9个百分点。四季度，信息传输、软件和信息技术服务业，租赁和商务服务业，金融业增加值同比分别增长11.2%、8.6%和6.0%，共拉动服务业增加值增长2.3个百分点，较上年提高0.5个百分点。12月份，信息传输、软件和信息技术服务业，租赁和商务服务业，金融业生产指数同比分别增长13.8%、9.7%和6.8%。

服务业新兴领域发展壮大。2023年，高技术服务业固定资产投资比上年增长11.4%，高出全部服务业固定资产投资11.0个百分点。1~11月份，规模以上科技服务业、高技术服务业企业营业收入同比分别增长 11.4%和 11.2%，分别快于全部规模以上服务业企业 2.9 和 2.7 个百分点；知识密集型服务出口同比增长 10.0%。

产业融合加快推进。数字化应用场景不断扩展，现代服务业与先进制造业进一步融合。2023 年，生产性服务业商务活动指数年均值位于 55%以上较高景气区间。1~11 月份，规模以上供应链管理服务、互联网数据服务企业营业收入同比分别增长 17.4%和 22.0%，分别快于全部规模以上服务业企业 8.9 和 13.5 个百分点。工业软件市场规模稳步壮大，为制造业数字化转型提供有力支撑。1~11 月份，工业软件产品收入同比增长 12.2%，占软件产品收入比重为 9.7%，比上年同期高 0.4 个百分点。

服务业在创造税收、吸纳就业、新设市场主体、固定资产投资、对外贸易等方面全面领跑，支撑国民经济健康发展。

——引自商务部商务数据中心

讨论：

服务业在我国所占的比重越来越高，你觉得是什么原因？这对大家的就业将产生什么影响？

（1）_____

（2）_____

（3）_____

四、客运服务人员的服务意识

1. 服务意识的概念

服务意识（Service Awareness）是服务人员自觉主动做好服务工作的一种观念和愿望，这种观念源自服务人员的内心深处。

服务意识是服务人员的一种本能和习惯，是可以通过培养、教育训练形成的。此外，服务意识也是以别人为中心的意识，它要求服务人员积极倾听客户，理解并满足他们的需求，主动解决问题，提供个性化的服务，并不断改进自己的服务质量。

服务意识对于企业的发展至关重要，它是提高企业竞争力的关键，也是提升服务效率和质量的前提。具有优秀服务意识的企业能够赢得顾客的认可和信赖，从而在市场上获得更多口碑和信誉度，提高品牌价值和市场竞争力。

【课堂讨论 2.1】

服务意识的体现

服务意识对服务质量的影响至关重要，它体现在服务过程中的每一个细节。思考一下，我们身边有哪些例子可以体现出"良好的服务意识"？请回忆并描述这些服务细节是如何展现出优秀服务意识的。

以小组为单位进行讨论，并将讨论结果写于下方。

（1）_____

（2）_____

（3）_____

2. 服务意识的意义

具有服务意识的人能够把自己利益的实现建立在服务别人的基础之上，能够把利己和利他行为有机协调起来，常常表现出"以别人为中心"的倾向。因为他们知道，只有首先以别人为中心，服务别人，才能体现自己存在的价值。

服务意识也是"以别人为中心"的意识。拥有服务意识的人，常常会站在别人的立场上，急别人之所急，想别人之所想；为了别人满意，不惜谦让、妥协甚至奉献、牺牲。

缺乏服务意识的人则会表现出"以自我为中心"和自私自利的价值倾向，把利己和利他对立起来。在这些人看来，别人不会主动为自己付出。这种人越多，越不利于社会和谐。

服务意识是人类文明进步的产物。所谓文明，即人区别于一般动物的部分。所谓文化，即人的文明化或去动物化。人的文明化程度的高低，即人的社会化程度的高低。由此可见，人的文明程度或文化程度的高低，并非是指接受学校教育的年限和学历的高低。

想了解自己的服务意识如何，可以通过【课堂练习2.1】来进行服务意识水平测试。

3. 城轨客运服务人员的服务意识

一名合格的轨道交通客运服务人员不仅需要具备出色的服务技能，还应该有良好的服务意识。在日常工作中，他们应该迅速、敏捷地应对各种情况，同时保持头脑清醒、反应迅速。此外，他们还需要展现出真诚的态度和热情的服务精神。通过温暖和真诚的交流，让乘客感受到以人为本的服务，享受自由舒适的旅程，并得到个性化的关照。这种服务不仅是表面上的"真心""真诚""真情"，更是深层次的人文关怀和服务理念的体现。这就是对轨道交通客运服务人员服务意识的基本要求。

客运服务人员的服务意识具体体现在以下方面：

（1）服务乘客时，应做到态度真诚、亲切自然、热情周到、认真负责，尊重乘客的民族风俗习惯。

（2）与乘客目光接触时，应微笑示意。微笑时表情自然，不僵硬。

（3）尊重乘客，不得以任何方式和借口怠慢、顶撞、刁难、训斥乘客。不得以任何理由与乘客争吵。

（4）接受批评时，应冷静；致歉时，应诚恳；被误解时，应悉心解释。

（5）乘客询问时，应用心聆听，对不确定的问题不乱作猜测，应耐心地询问予以确认，理解正确后回复。

（6）乘客违反有关规定时，应耐心劝导、善意提醒、态度平和、得理让人。乘客无理取闹时，应顾全大局，冷静处理，不感情用事。

（7）当乘客陈述时，不得随意打断对方说话并表现出厌烦情绪和神色；如不得已需要打断乘客说话时，应等对方讲完一句话后，先说"对不起"，再进行说明。

（8）当无意碰撞或影响到乘客时，应立即表示歉意，取得对方谅解。

（9）当乘客要求提供服务时，应遵循首问负责制，给予乘客必要的指引、介绍或答疑等服务。

（10）当多名乘客同时寻求服务时，应分先后顺序，逐一认真处理。对于等候乘客，应及时安抚。

（11）遇到乘客态度不礼貌，如粗言秽语时，要保持冷静，用平和的态度应对。例如："请您遵守相关规定，配合我们的工作。"

（12）乘客提醒售票机或其他设备故障，以及车站有污物时，应向乘客致谢："谢谢您，我们会尽快处理"，并采取相应行动。

【拓展阅读 2.2】

地铁"守夜人"

吴彤是青岛地铁的一名站务员，她以笑暖人，以情动人，真诚的服务得到了乘客的高度认可。而正是无数像吴彤一样的"守夜人"日复一日、年复一年地默默付出，才能够保障万千乘客路途的平平安安。

"请问有没有口罩？""手机没电关机了，有没有充电宝啊？""有创可贴吗？"吴彤在客服中心，不仅要为乘客指路、办理补票等，还要为乘客提供一些应急用品。"我们有这个爱心百宝箱，尽量满足乘客需要。还有不乘车想去洗手间的，我们有这个'如厕卡'。"面对一波波前来寻求帮助的乘客，吴彤可谓是"眼观六路，耳听八方"，有条不紊地处理各项问题。

"我们对声音特别敏感，有的时候听到'咚'的声音，都应激了，因为可能是有乘客推着的小推车倒了，我们就得赶紧过去看看情况，帮着他们提行李什么的。"前一分钟吴彤还在售票机旁帮三位外地游客买票，下一分钟，她就来到闸机前查看乘客情况。"小朋友，你有没有被碰到，有没有受伤呀？"吴彤细心地问道。原来是一位老人用手拉着孩子，想要在前面的家人通过闸机时跟着一起通过。在确认老人和孩子没有受伤时，吴彤迅速回到客服中心，为其办理了补票，让老人和孩子安全通过了闸机。

图 2.4　车站的爱心百宝箱

从清早迎接第一班地铁，到深夜看着最后一班地铁呼啸驶过，每趟车、每节车厢都承载了不同的故事，吴彤在这里见证着、守护着，一群年轻人在这里见证着、守护着万千乘客的平安与幸福。

——引自《半岛都市报》

第二节　城市轨道交通客运服务

一、城轨客运服务的概念

根据中华人民共和国国家标准 GB/T 22486—2022《城市轨道交通客运服务规范》中的相关定义，具体见附录：

城市轨道交通客运服务（Urban Rail Passenger Transport Service）是为使用城市轨道交通出行的乘客提供的服务。

城市轨道交通客运服务的提供方为运营单位，具体指经营城市轨道交通运营业务的企业。

从城市轨道交通运输企业来看，城市轨道交通客运服务不仅是单纯的服务技巧，还包括轨道交通企业所提供的各项内外设施，是有形设施和无形服务共同组合而成的有机整体。

从乘客的角度看，城市轨道交通客运服务是乘客在消费过程中所感受到的一切行为和反应。可以说这是一种经验的感受，也可以说是城市轨道交通运输企业及服务人员的表现给他们留下的印象和体验。

二、城轨客运服务的一般要求

良好的城市轨道交通客运服务应该让乘客产生温暖的、被了解、被关注的宾至如归的美好感觉，并达到让乘客渴望再次乘坐的效果。

城市轨道交通客运服务应当满足以下的一般要求：

（1）应以乘客的视角为基准，衡量城市轨道交通客运服务质量。

（2）运营单位应有符合 GB/T 30012—2013 要求的组织机构、规章制度和提供客运服务的能力。

（3）运营单位应以安全、准时、便捷、舒适、文明为目标，为乘客提供持续改进的服务。

（4）运营单位应为乘客提供符合服务规范的服务设施、候车环境和乘车环境。

（5）运营单位应为乘客提供规范、有效、及时的信息。在非正常运营状态下，应为乘客提供必要的指导信息。

（6）运营单位应以 GB/T 30012—2013 标准及服务质量准则为基础，提出服务质量目标，包括确定提供的服务水平，进行服务质量承诺。服务质量和水平应通过服务质量评价进行衡量。服务质量的管理和评价应符合社会经济环境及其变化发展的要求和需求。

（7）运营单位应向残障等特殊乘客提供相应的服务。

（8）为乘客提供的公益或商业服务应既不影响安全，也不降低服务质量。

三、城轨客运服务的内容

根据《城市轨道交通客运服务规范》中的相关规定，城市轨道交通客运服务包括票务服务、行车服务、信息服务、安全应急服务等多方面内容（见图 2.5）。

1. 票务服务

票务服务（Ticket Service）指城市轨道交通运营过程中为乘客提供的售票、检票、验票以及处理与票务相关问题的服务。

具体的票务服务要求如下：

（1）自动售票机或其附近应有方便乘客购票的醒目、明确的车票种类、票价、售票方式、车票有效期等信息。

图 2.5　车站客服中心

（2）自动检票机或其附近应有相应的提示、导向标志或图示，方便乘客检（验）票。

（3）每日运营前，车站应开启售检票类设备，并在首班车到站前完成准备工作，确认设备正常运行。

（4）人工售票、充值或售卡过程中，售票员应唱收唱付，做到准确、规范。

（5）对符合免费乘车规定，并持有效乘车证件的乘客，应验证后准乘。

（6）遇票务异常等乘客无法正常进出站时，应及时采取有效措施，为乘客进行必要的票务处理。

（7）在运营期间，自动售票机、检票机发生故障时，应设置故障提示，异常情况及时进行处理。

（8）城市轨道交通因故中断运营时，运营单位应按照票价退还票款；享受票价优待的乘客，运营单位应执行票价优待规定。

2. 行车服务

行车服务（Train Operation Service）是列车运营过程中为保证乘客出行效率，在运营时间、发车间隔、行车安全、乘坐舒适等方面为乘客提供的各项服务。

具体的行车服务要求如下：

（1）城市轨道交通全天的运营时间应不低于 15 小时。

（2）城市轨道交通的运营时间应根据当地居民的出行规律及其变化确定和调整，调整前应及时公示。在特定日期（如周末、节假日）、恶劣天气以及衔接火车站、机场线路有火车、飞机大面积晚点的，可为乘客提供延时运营服务。因重大活动、重大工程影响需临时调整运营区段或时间的，运营单位应提前向社会公布。

（3）运营单位应根据客流需求以及服务水平的变化合理组织列车运行，并可根据客流变化等情况合理调整列车运行；对乘客有影响时，应及时公布。

（4）一年内，线路列车正点率应大于或等于 98.5%，列车运行图/时刻表兑现率应大于或等于 99%。断面满载率不宜超过 100%。以上指标的计算方法应符合《城市轨道交通运营指标体系》GB/T 38374—2019 的要求。

（5）列车运行应行驶平稳。列车进站时，应确认列车在车站指定位置停稳后开启车门及站台门；列车启动前，应确认车门及站台门关闭且两门之间间隙无夹人夹物。

（6）列车运行发生故障时，应视情况采取相应处理措施。

3. 信息服务

信息服务（Information Service）是列车运营过程中为乘客提供准确、及时、全面的运营信息，以提升乘客的出行体验和便利性的相关服务。

具体的信息服务要求如下：

（1）运营单位应提供现场问询服务和远程问询服务。

（2）运营单位应在车站出入口、站厅、站台显著位置设置公告栏，在站台及车厢的醒目位置，告知乘客服务基本信息，包括下列内容：

① 周边街区地标指引；
② 与其他公共交通方式衔接指引；
③ 城市轨道交通网络示意图；
④ 线路站名标识；
⑤ 票价票种信息；

⑥ 首末班车时刻、列车运行信息；
⑦ 站内乘客服务导向信息（含换乘站内的换乘导向信息）；
⑧ 投诉与建议、报警和求助信息；
⑨ 其他与出行相关的信息。

（3）车站乘客信息系统应实时发布列车运行方向、当前列车到达时间、后续一班列车到达时间等信息。

（4）车站及列车应通过广播发布列车运行信息、突发事件及运营计划调整信息，以及排队候车、安全文明乘车提示等信息。

（5）列车应广播告知乘客到达车站、换乘和开启车门侧信息。

（6）运营单位应建立官方网站、官方微博、官方微信公众号等互联网信息服务渠道，面向乘客发布列车运行动态、运行计划调整、出行提示等运营服务信息，并进行乘客诉求回复办理工作。

【拓展阅读 2.3】

北京首个地铁车站智能服务机器人"上岗"

"儿童身高多少可以免费乘坐地铁？""首班车是几点？""携带导盲犬如何乘坐地铁？"9月28日，在4号线和16号线国家图书馆站，3台科技感十足的地铁车站智能服务机器人正式"上岗"，为乘客提供出行查询、带路及运营提示等智能服务（见图2.6）。

这款人工智能机器人是京港地铁出行小管家"阿捷"的化身，身高一米五，周身白色搭配藏青色线条，圆头方脸，外形可爱且"知识"丰富，还带有微笑、叹息等表情，可通过语音交互、图像化表达等方式实现人机交流。这是北京轨道交通首次将智能机器人引入地铁站。

图 2.6　北京地铁智能服务机器人

这款机器人"本领高超"，胸前的大屏幕"藏"着智能助手，包含多个智能服务板块，其中，通过"阿捷领路"功能，可实地引领乘客到达站厅的自助售票机、直梯、出入口、换乘通道等指定地点；"阿捷问答"功能则可以解答乘客出行过程中的常见问题，如票务信息、日常问询及无障碍出行等。

同时，乘客可使用"信息查询"功能，了解站内布局图、站外街区图、列车时刻表、路网线路图等内容；"周边查询"还可以连接电子地图，实时查询车站周边信息。

——引自京报网

讨论：

随着时代的进步，智能机器人、互联网设施将越来越普及，这将对城市轨道交通客运服务带来哪些影响？我们应该如何应对未来的变化？

（1）_____

（2）_____

（3）_____

------

4. 安全应急服务

安全应急服务（Safety Emergency Service）指在地铁运营过程中为确保乘客和工作人员的安全，提供的预防、应对和处置各种突发事件的相关服务。

具体的安全应急服务要求如下：

（1）应急服务应以保障人身安全为首要目标。

（2）在城市轨道交通车站及其范围内应有明显可识别的警务点或呼叫点。

（3）城市轨道交通应配备站内及车厢监控设备，公共区域的监控设备应做到重点通道区域、客流密集区域、站台候车区域的全覆盖，并应符合《城市轨道交通公共安全防范系统工程技术规范》GB 51151—2016 的规定。

（4）发现走失的儿童，应带领其至安全场所，并设法联系其监护人或报警。

（5）当乘客身体不适时，客运服务人员应提供必要帮助；当出现可能影响公共卫生安全或正常客运，以及需要进行人文关怀或乘客要求隔离等情况，可根据需要对现场进行隔离，并配合做好后续工作。

（6）发生突发事件时，运营单位应及时通过站内乘客信息系统、站内/车厢广播、网络(微博、微信、官网)多渠道告知，提供相关信息。

（7）发生公共安全突发事件时，应立即启动应急预案，报告相应管理部门。

（8）出现/预见极端天气情况或极端环境情况下，危害超过或可能超过应急预案设定安全阈值条件时，运营单位应立即启动相应的响应措施或立即停运。

（9）预判站台客流量超过站台估计最大客流预警值时，应当实施单站级客流控制；仍无法缓解时，预判断面客流满载率超过预警值时，应当在本线及与之换乘的线路车站实施线网级客流控制。

（10）当发生车门未能正常开关、电梯故障、个别乘客受伤等影响范围有限，无扩散或传播风险的情况时，运营单位应最大程度地减少运营影响，尽快恢复列车正常运营，利用广播等方式告知乘客相关运营信息，做好解释和安抚工作。

（11）非突发情况下的列车越站，运营单位应至少提前一站告知受影响的乘客。首班车、末班车及乘客无返乘条件的列车不应越站，同方向连续两列载客列车一般不应在同一车站越站。

（12）列车临时清客时，运营单位应通过广播或者其他方式告知车内乘客和站内乘客，并引导乘客下车并等候下一班载客列车。

（13）列车迫停区间需组织区间疏散时，运营单位应扣停可能驶入受影响区域的列车，明确疏散方向，通知车站做好客流引导，在邻站端门及疏散区间联络线等通道处安排人员监控，疏散后确认无人滞留。

（14）运营单位应通过播放宣传短片、播放车站或列车广播、发放宣传单等多种方式进行安全宣传教育，向乘客提供突发情况下的应急处置流程、服务设施使用方法和安全警示等安全信息。

【课堂练习 2.1】

心理测试——服务意识测试

服务意识体现在生活的一个个细节中，可通过以下测试了解自己的服务意识（见表2.1）。

表2.1 服务意识测试量表

测试题目	非常不符合	比较不符合	拿不准	比较符合	非常符合	计分
1.我总会主动与家人保持联系，关心家人的心情和健康						
2.家里来了客人，我总会为客人倒水沏茶，与客人亲切交谈，让客人舒心						
3.我会主动分担家务						
4.我会主动帮助家人一起做饭、洗碗						
5.我会记得家人的生日，并为他们祝福						
6.我会主动关心朋友的近况和心情，朋友遇到困难总是尽力帮忙						
7.和朋友一起吃饭，在点菜时，我总会顾及朋友们想吃什么						
8.如果有朋友请我帮忙，而我却无能为力，我内心会感到愧疚						
9.当班里有活动时，我愿意牺牲个人时间去参与和支持						
10.如果有室友生病了，我会关心并耐心地照顾他						
11.在工作中，我能做到礼貌待人，举止得体，注意服务形象						
12.在工作中，我会帮助每一位顾客，让他们感到高兴与满意						
13.在工作中，我总会察言观色，捕捉顾客的需求						
14.在工作中，如果同伴在工作上遇到困境，我会为其着急						

测试题目	非常不符合	比较不符合	拿不准	比较符合	非常符合	计分
15.在工作中，我觉得服务好客户是我应尽的责任						
16.大街上有陌生人问路时，我总是不厌其烦地解释						
17.与他人见面时，我总会面带微笑，语气温和						
18.在与他人交流时，我经常称赞和夸奖别人						
19.如果能让别人感到高兴，我也会觉得很满足						
20.在为他人提建议时，我能站在对方的角度考虑						
总　分						

计分规则：

每一道题目均按 1~5 分来计分，其中"非常不符合"计 1 分，"比较不符合"计 2 分，"拿不准"计 3 分，"比较符合"计 4 分，"非常符合"计 5 分，将 20 道题目的得分相加，就是总得分。

60 分及以下：服务意识较差，应多向他人学习；

61~70 分：服务意识有待提高，需要注意生活中的细节；

71~80 分：服务意识还不错，但还有提升空间；

81~90 分：服务意识良好，比较注重别人的感受；

91 分及以上：服务意识出众，让别人觉得很贴心。

讨论：

除了在服务工作中，思考服务意识在其他领域的意义，生活中还有哪些场合能展现个人服务意识？

（1）_____

（2）_____

（3）_____

服务篇：
服务从心开始

【篇章导航】

随着社会的进步，乘客对于城市轨道交通服务的要求越来越高，轨道运输企业不仅要满足乘客的交通需求，同时还要满足乘客日益增长的服务需求。因此，深入研究城市轨道交通客运服务心理，了解乘客的心理需求，掌握乘客心理活动规律，才能针对不同的乘客采取有效的客运服务。本篇将对乘客的知觉分析、乘客的情绪管理、乘客的需求满足、乘客的个性与服务、乘客的群体心理、乘客的投诉心理与处理等内容进行分析和阐述，并结合城市轨道交通客运服务工作的实际案例，逐渐深入探讨乘客心理以及客运服务中特殊情况下的心理现象。

【篇章目标】

- ◆ 分析乘客的知觉规律
- ◆ 做好乘客情绪的调节
- ◆ 满足乘客的服务需求
- ◆ 掌握乘客的个性差异
- ◆ 分析不同乘客群体的心理特征
- ◆ 对乘客的投诉心理进行分析与处理

【篇章内容】

- ◆ 第三章 乘客知觉分析
- ◆ 第四章 乘客情绪调节
- ◆ 第五章 乘客需求满足
- ◆ 第六章 乘客个性与服务
- ◆ 第七章 乘客群体心理分析
- ◆ 第八章 乘客投诉心理与处理

第三章 乘客知觉分析

【知识目标】

◇ 理解感觉和知觉的概念及基本特性
◇ 了解知觉的分类
◇ 了解乘客对服务人员、环境、文化的知觉
◇ 掌握影响乘客知觉的主观原因
◇ 掌握影响乘客知觉偏差的心理效应

【能力目标】

◇ 能够将感知的特性运用于服务实践
◇ 能够分析乘客对客运服务的知觉

【关键概念】

◇ 感觉、知觉、乘客知觉、首因效应、职业角色

【知识框架】

```
                            ┌── 感觉和知觉的概念
                            ├── 知觉的分类
              ┌── 认识知觉 ──┤
              │             ├── 知觉的特性
              │             └── 错觉
乘客知觉分析 ──┤
              │                    ┌── 乘客对服务人员的知觉
              │                    ├── 乘客对服务设施与环境的知觉
              └── 乘客的知觉分析 ──┤
                                   ├── 乘客对服务文化的知觉
                                   └── 影响乘客知觉的主观因素
```

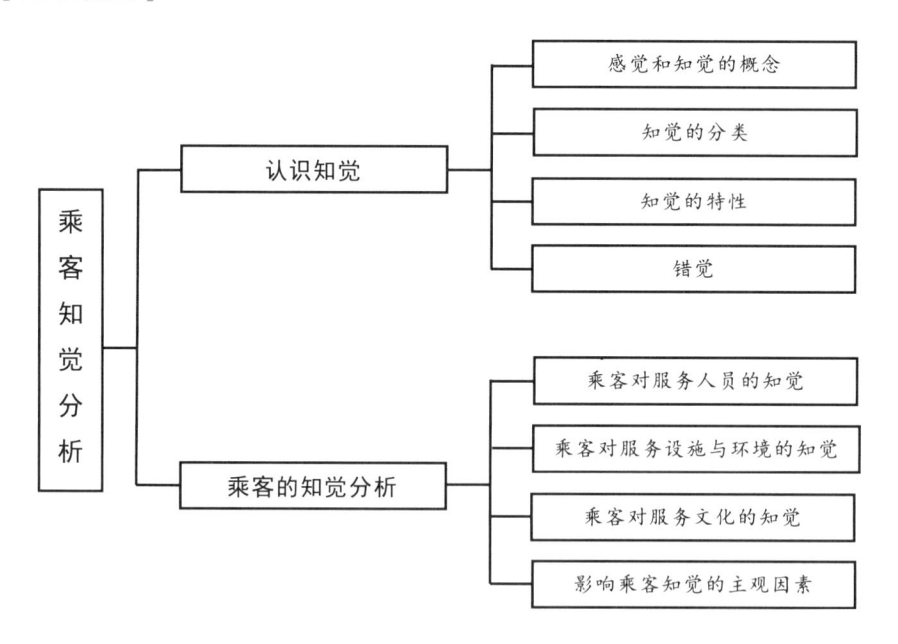

图 3.1 第三章知识框架图

第一节 认识知觉

人类认识世界是从感性到理性的过程,感觉和知觉是认识世界的开端,是构成认识过程的初级阶段。只有在感知的基础上,人类才能进行更高级的知觉活动。

一、感觉和知觉的概念

1. 感觉的概念

感觉(Feeling)是人脑对直接作用于感觉器官的客观事物的个别属性的反映。

感觉可以分为外部感觉和内部感觉两大类。

外部感觉接受外部世界的刺激,反映外界事物的属性,包括视觉、听觉、嗅觉、味觉和触觉。

内部感觉则反映机体内部的变化,包括机体觉、平衡觉和运动觉。这些感觉帮助我们了解自身的状态和位置,以及身体的运动和姿势。

图 3.2 感觉中的菠萝

感觉是最初级的认识过程,是一种最简单的心理现象。人对客观事物的认识是从感觉开始的,是最简单的认识形式。例如,当菠萝作用于我们的感觉器官时,我们通过视觉可以感知它的颜色;通过味觉可以感知它的酸甜味;通过嗅觉可以感知它的清香气味;同时,通过触觉可以感受到它的粗糙的凸起(见图 3.2)。人类是通过对客观事物的各种感觉认识事物的各种属性的。

有了感觉,我们就可以分辨外界各种事物的属性,才能分辨颜色、声音、软硬、粗细、重量、温度、味道、气味等;有了感觉,我们才能了解自身肌体的变化和内部器官的状况,例如饥饿、干渴、疼痛等;有了感觉,我们才能进行其他复杂的认识过程。失去感觉,就不能分辨客观事物的属性和自身状态。

通过感觉,人与纷繁复杂的世界形成了非常紧密的联系,并因此认识了世界。

【拓展阅读 3.1】

心理学实验——感觉剥夺实验

感觉剥夺实验是一种研究方法,它通过剥夺有机体的感觉功能来进行研究(见图 3.3)。对人来说,感觉剥夺是暂时让被试的某些(或全部)感觉能力处于无能为力的状态。

第一个以人为被试的感觉剥夺实验是由贝克斯顿（Bexton）等人于 1954 年在加拿大的一所大学的实验室进行的。被试是自愿报名的大学生。所有的被试每天要做的事就是躺在有光的小屋的床上，时间尽可能长。被试有吃饭的时间、上厕所的时间。严格控制被试的感觉输入，如给被试戴上半透明的塑料眼罩，可以透进散射光，但没有图形视觉；给被试戴上纸板做的套袖和棉手套，限制他们的触觉；头枕在用 U 形泡沫橡胶做的枕头上，同时用空气调节器的单调嗡嗡声限制他们的听觉。

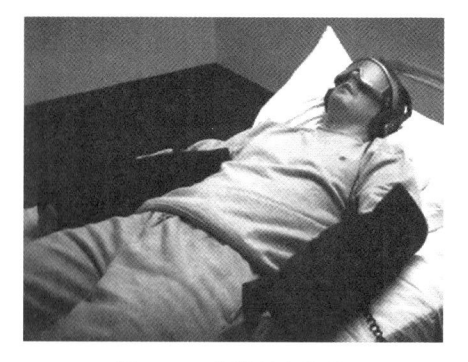

图 3.3　感觉剥夺实验

实验前，大多数被试以为能利用这个机会好好睡一觉，或者考虑论文、课程计划。但后来他们报告说，对任何事情都不能进行清晰的思考，哪怕是在很短的时间内。他们不能集中注意力，思维似乎是"跳来跳去"的。感觉剥夺实验停止后，这种影响仍在持续。

在感觉剥夺实验中，50%左右的被试报告出现了幻觉，其中大多数是视幻觉，也有被试报告有听幻觉或触幻觉。视幻觉大多在感觉剥夺的第三天出现，幻觉经验大多是简单的，如光的闪烁，没有形状，常常出现于视野的边缘。听幻觉包括狗的狂吠声、警钟声、打字声、警笛声、滴水声等。触幻觉的例子有，感到冰冷的钢块压在前额和面颊，感到有人从身体下面把床垫抽走。

讨论：

感觉剥夺实验证实了人被夺去感觉能力后的各种负面影响，但是感觉的剥夺对人有没有正面积极的影响呢？请将讨论结果写于下方。

（1）_____
（2）_____
（3）_____

2. 知觉的概念

知觉（Perception）是人脑对直接作用于感觉器官的事物的整体属性的反映。

知觉是各种感觉的结合，它来自感觉，但不同于感觉。感觉只反映事物的个别属性，知觉却认识了事物的整体；感觉是单一感觉器官的活动的结果，知觉却是各种感觉协同活动的结果；感觉不依赖于个人的知识和经验，知觉却受个人知识经验的影响。例如，当我们感觉到苹果的颜色、香气、味道、冷热、大小、形状等，把这些属性综合起来，有时还借助于过去的经验，就构成了我们对"苹果"的整体印象，这就是知觉。知觉的产生不仅需要具体的客观对象，还需要借助于过去的经验或知识。过去的经验、知识甚至还可以弥补部分感觉信息的缺欠。

同一物体，不同的人对它的感觉是类似的，但对它的知觉会有差别，知识经验越丰富，对物体的知觉越完善、越全面。显微镜下的血样，只要不是色盲，无论谁看都是红色的；但医生还能看出血样中的细节，没有医学知识的人就看不出来。

【发散思维】

想想我们对"手机"的知觉来源于哪些感觉？
（1）_____
（2）_____
（3）_____

感觉和知觉都是人类认识世界的初级形式，反映的是事物的外部特征和外部联系。如果想揭示事物的本质特征，光靠感觉和知觉是不行的，还必须在感觉、知觉的基础上进行更复杂的心理活动，如记忆、想象、思维等。

二、知觉的分类

根据在知觉中起主导作用的感觉器官的特性，可把知觉分为视知觉、听知觉、触知觉、味知觉、嗅知觉等。

根据知觉对象的不同，可将其分为物体知觉和社会知觉（见图3.4）。

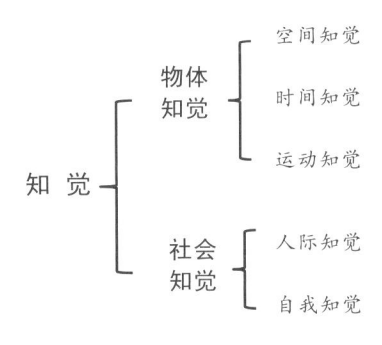

```
            ┌ 物体  ┌ 空间知觉
            │ 知觉  ┤ 时间知觉
知 觉 ──────┤       └ 运动知觉
            │ 社会  ┌ 人际知觉
            └ 知觉  └ 自我知觉
```

图3.4　知觉的分类

1. 物体知觉

物体知觉（Object Perception）是指对物或事及外部关系的知觉。

任何物或事都具有空间特性、时间特性及其运动变化，因此，物体知觉可分成空间知觉、时间知觉和运动知觉。

具体来说，空间知觉反映了物体的形状、大小、深度、方位等空间特征；时间知觉则是对客观现象的持续性和顺序性的感知；而运动知觉则关注物体的空间位移和位移快慢。这些知觉都是人在生活实践的过程中逐步形成和发展起来的，是我们理解和认识外部世界的基础。

2. 社会知觉

社会知觉（Social Perception）是指在社会情境中以人为对象的知觉。

社会知觉是一种基本的社会心理活动，人的社会化过程以及社会动机、态度、社会行为的发生都是以社会知觉为基础的。与物体知觉相比，社会知觉更多地涉及对他人行为和意图的理解、解释和推断，以及对自己在社会中的角色和定位的认知。

社会知觉包括了对他人、群体及对自己的知觉。对他人和群体的知觉被称为"人际知觉"，而对自己的知觉则是自我知觉。

乘客对于城市轨道交通客运服务人员的知觉就属于社会知觉。

三、知觉的特性

1. 知觉的整体性

与感觉不同，在知觉过程中，人们不是孤立地反映刺激物的个别特性和属性，而是多个个别属性的有机综合，反映事物的整体和关系。这就是知觉的整体性。

人的知觉系统具有把个别属性、个别部分综合成整体的能力。知觉的整合作用离不开组成整体的各个成分的特点。如图3.5所示，尽管图中没有将所有的图形线连起来，但观众仍能看出图中画的是什么。

图 3.5 由点组成的图形

我们对事物个别属性的知觉依赖于事物的整体特性。如看到有缺口的圆环和没有顶的三角形时，心目中仍能将缺少的部分补足，使形象完整。在此过程中，过去的知识和经验常常能提供补充信息。

2. 知觉的选择性

人在知觉事物时，习惯从背景中区分少数事物，并清晰地反映，这种特性称为"知觉的选择性"。在日常生活中，人在知觉客观世界时，总是有选择地把少数事物当成知觉的对象，而把其他当成知觉的背景，以便清晰地感知一定的事物与对象。影响知觉选择性的因素有主观和客观两个方面。客观因素包括：对象与背景之间的差别、对象的活动性、刺激物的新颖性等；主观因素包括：知觉有无目的和任务、已有知识经验的丰富程度、个人的兴趣爱好和动机、定式与情绪状态等。

从图3.6中你看到了什么？为什么会出现不同的知觉？

正是由于知觉具有选择性，人们才会有选择地将对自己有重要意义的刺激物作为知觉的对象。例如，在课堂上，学生把黑板上的文字当作知觉的对象，而周围环境中的其他东西，比如头顶的电扇、墙上的标语、同学的面孔等便成了知觉的背景。你在街上碰到了朋友，在与朋友交谈的过程中，你所听见的不只是对方说的话，还有商店打折促销的广告声、汽车发动机的噪声以及行人说话的声音等，但你的知觉对象仍是朋友。

图 3.6　知觉的选择性

3. 知觉的理解性

在知觉过程中，需有以过去所获得的有关经验、知识为基础的理解，以便对知觉的对象做出最佳解释和说明，这一特性叫作"知觉的理解性"。知觉的理解性受以下因素的影响。

（1）经验。

不同的经验对人们同一种感知觉的影响不同，因此，对这个过程的理解也不尽相同，而最后我们所看到的结果也是不同的。

（2）言语。

言语的指导对知觉的理解性也有较大的作用。在较为复杂、对象的外部标志不是很明显的情况下，言语的指导作用能唤起人们过去的经验，有助于对知觉对象的理解。再者，知觉对象本身的特点也影响知觉的理解性。

此外，知觉的理解性还受人的情绪、动机、态度以及实践活动的任务等因素的影响。

图 3.7　知觉的理解性

如图 3.7 所示，你认为图形中间的图案是什么？

4. 知觉的恒常性

当知觉条件发生变化时，知觉的印象仍然保持相对不变，这就是知觉的恒常性。常见的恒常性有亮度恒常性、大小恒常性、形状恒常性、颜色恒常性等。比如，阳光照射下的黑炭比阴暗处的粉笔更亮，但我们仍认为粉笔亮一些。不论在黄光照射下还是在蓝光照射下，我们总是把一面国旗知觉为红色的。图 3.8 就是门的形状恒常性表现。

图 3.8　门的形状恒常性

四、错觉

1. 错觉的概念

错觉（Illusion）是人们对客观事物的一种不正确的、歪曲的知觉。

错觉是知觉的一种特殊形式，它是人在特定的条件下对客观事物的扭曲的知觉。人们在观察物体时，由于物体受到形、光、色的干扰，加上人们的生理、心理原因，而对物象产生的与实际不符的判断性的知觉误差。

错觉并非全然负面，它有时可以被有效利用，如在军事上利用错觉进行伪装，或在日常生活中利用错觉来改善外观等。

2. 错觉的分类

按照感受器官的不同，错觉可以分为视错觉、听错觉、嗅错觉、味觉错觉等。

由于光线、测距或边缘等原因，人们能看到的图像与真实图像有所偏差，产生视错觉。视错觉包括空间错觉、大小错觉、形状错觉等。

编索错觉（Twisted Cord Illusion）就属于视错觉现象。图 3.9 像盘起来的编索，呈螺旋状。实则由多个同心圆组成，读者可选任一圆上一点循其线路检验。

图 3.9　编索错觉

按照产生原因，错觉可以分为：生理性错觉、心理性错觉、环境性错觉、认知性错觉、文化性错觉等。

心理性错觉由心理因素引起，通常与个体的心理状态、情绪、经验或预期有关。

当人们处于紧张、焦虑或疲劳状态时，他们可能更容易受到心理性错觉的影响。

比如人们在从事自己喜欢的事情时，会觉得时间过得飞快，而在做自己厌恶的事情时，觉得时间过得缓慢，在承受痛苦、紧张、焦虑时觉得度日如年。

【课堂讨论 3.1】

生活中的错觉现象

错觉现象千奇百怪，种类繁多，想一想生活中有哪些错觉现象，并讨论这些错觉会对生活产生何种影响。

请将讨论结果写于下方。

（1）_____
（2）_____
（3）_____

第二节　乘客的知觉分析

乘客是否接受服务以及其需求是否得到满足，都与其知觉心理密切相关。通过对乘客对城市轨道交通客运服务的知觉分析，更好地了解乘客的知觉规律，为做好客运服务工作提供依据。

一、乘客对服务人员的知觉

在客运服务过程中，乘客对服务人员的知觉是普遍存在的。这种知觉属于社会知觉，主要是通过客运服务人员的仪容仪表、言谈举止、职业角色等方面实现的。

1. 乘客对服务人员仪容仪表的知觉

仪容仪表（Appearance）通常是指人们的外貌、着装和风度。

仪容仪表是精神面貌、内在涵养的外在表现，反映了一个人的精神状态和个人素养，是人们交往中的"第一形象"。干净大方的仪容、端庄得体的仪表能给人舒服的感觉，而良好的第一印象往往至关重要。

为什么对于客运服务人员仪容仪表有着严格的要求，这可以用心理学中的"首因效应"来解释。

首因效应（Primacy Effect），又称"首次效应""优先效应"或"第一印象效应"，是指人与人第一次交往中给对方留下的印象在对方的头脑中形成并占据着主导地位的效应。

首因效应告诉我们，人们根据最初获得的信息所形成的印象不易改变，甚至会影响他们今后的交往。实验证明，第一印象是难以改变的，主要是依靠性别、年龄、体态、姿势、谈吐、面部表情、衣着打扮等，判断一个人的内在素养和个性特征。这种印象不可能全面反映一个人的根本面貌，难免有主观性；同时，人总是不断变化的，不能给人贴标签。

在客运服务过程中，乘客对于客运服务人员的印象往往来自第一印象，而工作人员仪容仪表是否得体会大大影响乘客对其的感知。如果工作人员着装得体、仪态端正，往往会给乘客工作认真、值得信赖等正面积极的印象；反之，工作人员着装随意、懒散，会给乘客留下工作不认真、不值得信赖等负面印象。因此，客运服务人员应重视首因效应的影响，努力以出色的工作表现给乘客留下良好的第一印象；同时，要避免让乘客产生工作态度消极等不良的第一印象。

【拓展阅读 3.2】

首因效应

心理学家乔西·阿克曼曾做过一个有趣的心理学实验来证明首因效应的存在。

实验过程中，阿克曼邀请了几位志愿者担任面试官，对应聘者进行面试（见图3.10）。应聘者是一对双胞胎姐妹，她们的长相、简历以及面试中的发言都是相同的，唯一不同的是她们在面试中发言的顺序。

第一位应聘者的发言是：我工作努力、认真、具有创造力，但我情绪化、挑剔、说话刻薄。

第二位应聘者的发言是：我说话刻薄、挑剔、情绪化，但我有创造力，而且工作努力、认真。

图 3.10 首因效应在面试中产生的影响

听完两位应聘者的介绍后，阿克曼要求几位志愿者对这两位应聘者进行评价，并决定聘用哪一位应聘者。

讨论：

你觉得志愿者们更愿意聘用哪一位应聘者，并说明原因。

（1）_____

（2）_____

（3）_____

根据北京地铁相关服务规定，轨道交通客运服务人员的着装规范如下：

（1）上岗应着识别服，不得与便服混穿。不同季节、不同类别人员的识别服不得混穿。

（2）保持服装干净整洁，无褶皱、无残破、无污迹，衣扣完好齐全。

（3）识别服内着便服时，不得外露。不得披衣、敞怀、挽袖、卷裤腿。

（4）戴手套时，应保持手套干净、洁白。

（5）系领带、戴领结时，应系好衣领扣，使领带或领结保持平整、笔挺。领带夹别于上衣第三至第四粒纽扣之间。

（6）按季节统一穿着识别服，按规定更换识别服，不得擅自更换。换季期间，可根据地面站、地下站具体情况适当提前或延后更换识别服，但同一车站内应着同一季节识别服。

（7）除工作需要或者特殊情况外，应当穿制式皮鞋或者黑色皮鞋，并配深色袜子，女员工可穿肉色袜子。不得赤脚穿鞋或者赤脚。男员工鞋跟一般不超过 3 cm，女员工鞋跟一般不超过 3.5 cm。系好鞋带，不可拖拉于脚上。

（8）必须戴帽子的员工，在工作时应正确戴帽，不得歪戴。但在着夏装以及在车站室内办公区、宿舍、列车驾驶室或其他不宜戴帽子的情况下，可不戴帽子。

（9）在非工作时间，除集体活动或工作需要外，不得穿识别服出入公共场合和乘坐列车。

2. 乘客对服务人员言谈举止的知觉

（1）言语。

言语（Speech）是思维的工具，"欲知心腹事，但听口中言"。

言语的内容能反映一个人的心理活动、行动趋向、民族国籍，另外，语音、语调、语速的变化能充分反映一个人的某一方面的真实状况：语音轻松，表明心情愉快；语调高亢嘹亮，表明情绪激昂；语速急促，通常表明紧张。所以，乘客常常通过言语评价服务人员的服务质量。在客运服务过程中，服务人员说话得体、声音悦耳，乘客有愉快、亲切之感，并据此判断其"服务态度好"；反之，服务人员语言不中听、生硬、唐突、刺耳，乘客会感到很难受，结论自然是"服务态度恶劣"。

（2）举止。

举止（Manner）是情绪、动机等心理活动的外在表现方式，包括表情、体态与气度等。

行为举止也是形成一个人知觉印象的重要途径。"预知其人，观其所行"。以表情为例：目瞪口呆反映了一个人的惊恐心理；眉飞色舞则展现了一个人的欢快心情；愁眉苦脸则体现了一个人的情绪沮丧。因此，观察举止也是乘客评价服务人员的重要途径。在客运服务过程中，乘客发现某服务人员拖泥带水、丢三落四，会认定其是一个工作不认真的人；相反，如果发现服务人员操作干净利落、娴熟细腻，会认为该服务人员是一个工作认真的人。

根据北京地铁相关服务规定，轨道交通客运服务人员的行为举止要求如下：

【发散思维】

想一想哪些言行举止会影响乘客对客运服务人员的知觉？

（1）_____

（2）_____

（3）_____

① 上岗前须依据仪容仪表规范对自身着装、发型、佩戴饰物等进行检查，保证规范上岗，保持充沛精力。

② 执岗时认真负责，表情自然，行为规范，保持良好的站、坐、行走姿态。

③ 严禁在岗时做聊天、使用手机、打瞌睡、嬉闹、吃零食、喧哗、擅自离岗、串岗、看书看报、玩游戏等与工作无关的事情。

④ 与乘客沟通交流时，应停下手中工作，主动站立（除在售票室执岗外），并保持适当距离。

⑤ 乘客说话时，应面向乘客，耐心倾听，并适度点头回应，以示尊敬。不可眼神游离、摇头不语。

⑥ 为乘客服务过程中，动作应轻而快，不可出现甩、扔、摔、推、拉、扯等不礼貌举动。

⑦ 与乘客交谈时，手不得放到口袋或双臂抱在胸前，不得手扶座椅靠背或坐在扶手上。

⑧ 着识别服的员工乘城市轨道交通工具时，应保持良好的站立姿态，不与乘客争抢座位。

【拓展阅读 3.3】

心理学实验——服务员微笑实验

微笑是人类特有的行为，微笑介入日常社会关系的程度比任何一种其他非语言的行为都要深。如果服务人员能恰到好处地运用微笑，会有意想不到的收获。

心理学家 Kathi L. Tidd 和 Joan S. Lockard 进行了一项有趣的实验，即探究微笑是否会为服务人员带来更多的小费收入。

心理学家邀请了一名女大学生（23 岁）作为西雅图一家餐馆的服务人员。女服务员会对酒吧中的顾客送上他们预订的鸡尾酒。在这个过程中，心理学家要求女服务员对一半的顾客露出最小的微笑（浅浅微笑但不露齿），对另一半顾客露出最大的微笑（自然微笑且露出牙齿）。

心理学家在此过程中分别记录顾客订购饮料的数量、小费的金额，以及是否有人在离开休息室时对女服务员微笑。结果发现，收到最大微笑的顾客会给出更多的小费，其中男性顾客给得最多，是收到最小微笑顾客的三倍。另外，80%收到最大微笑的顾客在离去时会对服务员微笑示意，而仅有20%的收到最小微笑的顾客会如此做。由此可见，微笑对于顾客的影响非常大。

---

3. 乘客对服务人员职业角色的知觉

职业角色（Job Role）是指社会和职业规范对从事相应职业活动的人所形成的一种期望行为模式。

常见的职业角色有律师、医生、导游、司机、老师等。

对职业角色的知觉主要包括两个方面：一是根据某人的服饰行为判断他从事什么职业；二是对有关职业角色行为的社会标准认可。例如，认为医生这一角色的行为标准应该是救死扶伤、沉着冷静、值得信赖等。

为什么乘客对于客运服务人员职业角色的知觉会影响到对工作人员的印象，这可以用心理学中的"刻板效应"来进行解释。

刻板效应（Stereotypes Effect）也叫作"刻板印象"或"定型效应"，是指人们用刻印在自己头脑中的关于某人、某一类人的固定印象，以此固定印象作为判断和评价人依据的心理现象。

有些人总是习惯地、机械地将人归类，把某个具体的人看作是某类人的典型代表，把对某类人的评价视为对某个人的评价，因而容易形成"先入为主"的偏见，造成认知偏差。例如，老年人保守、年轻人冲动、北方人豪爽、南方人善于经商、农民质朴、商人精细等。

受刻板效应的影响，乘客可能对客运服务人员这一职业角色有固定的印象，认为客运服务人员是为乘客服务的，他们应该具备工作认真、服务意识强、为乘客着想等特征，而一旦乘客发现某个客运服务人员的行为举止与这个刻板印象相违背，比如在工作期间聊天、不理会乘客的要求，乘客对其印象就会有所改变，产生严重的不可信任感。

那么在乘客心中，轨道交通客运服务人员这一职业角色应当具备什么特征呢？可以通过【课堂练习3.1】来完成相关练习，并得出相应结论。

【拓展阅读 3.4】

心理学实验——刻板效应实验

苏联社会心理学家 A. A. 包达列夫做过这样的实验，将一个人的照片分别给两组被试看，照片上人物的特征是眼睛深凹，下巴外翘（见图3.11）。

包达列夫分别向两组被试介绍情况，给甲组介绍情况时说"此人是个罪犯"；给乙组介绍情况时说"此人是位著名学者"，然后，请两组被试分别评价照片中的人。

结果显示，甲组被试认为：此人眼睛深凹表明他凶狠、狡猾，下巴外翘表明其顽固不化。

乙组被试认为：此人眼睛深凹，表明他具有深邃的思想，下巴外翘表明他具有探索真理的顽强精神。

为什么两组被试对照片中同一个人的评价有如此大的差异？原因很简单，人们对社会各类人有着一定的定型认知。把他当罪犯来看时，自然就把其眼睛、下巴的特征归类为凶狠、狡猾和顽固不化，而把他当学者来看时，便把相同的特征归为思想的深邃性和意志的坚忍性。

图3.11 刻板效应实验

从以上实验可知，刻板效应实际就是一种心理定式。

二、乘客对服务设施与环境的知觉

服务设施与环境对乘客的影响是多方面的，它们共同构成了乘客的整体体验，具体包括了服务设施、服务环境与卫生两方面。

服务设施的数量、质量和布局直接影响乘客的出行效率和满意度，而车站的室内环境，如噪音水平、空气质量、温度和照明等，对乘客的舒适度和健康状况有显著影响，因此，轨道交通运营方需要不断优化服务设施、改善环境条件，以提升乘客的出行体验和满意度。

1. 乘客对服务设施的知觉

乘客的服务知觉来自站内与列车上的各项服务设施，如自动化的售检票设备、流畅的自动扶梯、满足乘客生活所需的自动售货机、满足乘客自主查询的站内导向地图，以及满足乘客安全所需的应急救援设施等，这些设施都会让乘客产生服务设施到位、安全设施齐全、服务环境良好的知觉（见图3.12）。

根据国家标准《城市轨道交通客运服务规范》（GB/T 22486-2022）规定，轨道交通为乘客提供的服务设施包括服务标志、通行设施、票务设施设备、乘客信息系统及广播系统、问询服务设施、照明设施、列车、安全设施设备等。

车站服务设施的常规要求如下：

（1）客运服务标志应醒目、信息易辨、设置合理、引导连续、系统整体，使用和管理方便，不被其他设施遮挡和遮盖。

图 3.12　车站设施

（2）导向标志应实现明晰有效的客流路径引导，满足不同交通方式之间的换乘引导需求。

（3）自动扶梯、电梯、轮椅升降机等乘客输送设施应安全、可靠、运行平稳。自动扶梯和电梯运行时间应与车站运营时间同步。

（4）站台门应保证安全可靠、状态完好。站台门发生故障无法关闭时，应安排专人值守，做好安全防护；无法打开时，应通过广播等方式通知乘客，引导乘客从其他站台门下车；出现大面积故障时，应及时采用越站等措施，并及时通知乘客，引导乘客出行。

（5）每个售票点正常运行的自动售票机不应少于 2 台。

（6）车站宜设置互联网售取票机，应支持移动付费方式，方便乘客购票。

（7）每组自动检票机群应至少配置 1 台宽通道或无障碍检票机，具备使用条件的数量不应少于 2 台。

（8）车站的广播设施应具备对站台、站厅、换乘通道、出入口等单独广播和集中广播的功能。自动广播发生故障时，应能够进行人工广播。

（9）车站应设置乘客服务中心。乘客服务中心宜设在站厅层付费区与非付费区之间，具备票务、问讯、充值、信息等功能。

（10）车站正常照明和应急照明设施应状态完好；照明灯具应采用节能光源。

（11）列车上应设有应急照明，应急设备应保持有效，并设置醒目的标志和操作导引。

（12）列车上的座椅、扶手等设施应安全可靠，车辆连接处应采取保障乘客安全的措施，安全标识、引导标识应清晰有效。

（13）列车上的空调、采暖、通风、照明、闭路电视（监控用）、广播等设备应保持状态完好，并按规定开启。

（14）安全服务设施，包括车站、列车车厢内设置的火灾报警系统、消防、应急照明、应急通讯、应急广播、乘客信息系统、视频监控等，应按规定设施，保证 100%

的可用性。

（15）列车客室内应设置乘客手动报警或与司机或车站控制室通话的装置，紧急情况下乘客可向司机或车站控制室报警。

（16）车站服务人员应对应急设施、乘客信息系统、自动售检票设备、标志标识、照明设施、电扶梯、站台门、站台候车椅状态进行巡视检查，巡视频率不应低于每3小时一次，发现异常情况及时进行处理；遇客流高峰、恶劣天气、重大活动等情况，应根据需要增加巡视次数。

2. 乘客对服务环境卫生的知觉

乘客对服务环境的知觉与车站及列车的环境与卫生情况息息相关（见图3.13），适宜的候车和乘车的环境，例如干净的地面、清新的空气、便捷的各种设备都会让乘客形成良好的环境感知；相反，肮脏的地面、昏暗的环境、烦闷的空气都会给乘客留下不好的印象。

图 3.13　车站环境

根据国家标准《城市轨道交通客运服务规范》（GB/T 22486—2022）对服务环境卫生相关规定，要求如下：

（1）运营单位应向乘客提供适宜的候车和乘车的环境。

（2）运营单位应科学做好公共区域通风、换气等工作，保证空气清新和环境整洁；列车客室内的温度、新风量应符合 GB/T 7928 的规定；封闭式车站的温度、新风量应符合 GB50157 的规定。

（3）车站的候车和乘车环境应整洁，应及时清除尘土、污迹、垃圾等，车站及车厢内座椅、扶手、内墙、玻璃及通风口无明显积灰；车站地面一旦发现大件垃圾或大面积积水现象，应在20分钟内予以清理。

（4）洗手间应保持干净、无明显异味，无明显的垃圾、污物、涂鸦、小广告、杂物堆放（工具摆放区除外）情况。

（5）车站、列车车厢、空调系统、公共卫生间等直接与乘客接触的服务设施、反复使用的车票应定期清洁、消毒。

（6）运营单位应建立完善环境、卫生和重大传染性疾病的投诉、报警的公众信息渠道、设备和设施，通过车站电子屏、站内广播、车载视频、海报等多种形式，根据卫生防疫工作需要开展卫生防护和疫情防控知识宣传。

（7）运营单位应在站台、站厅和车厢储备应对卫生突发事件便捷使用的装备、器材和卫生用品用具。

（8）出现公共卫生事件或其他异常情况疑似公共卫生事件时，运营单位应在第一时间进行情况报告，视情况联系 120 救护机构或疾病预防控制中心开展人员救治和疾病防治工作，并组织该站人员进行疏散隔离。

（9）列车客室噪声限值应符合 GB 14892—2006 的规定。

（10）车站噪声限值应符合 GBT 14227—2024 的规定。

（11）宣传横幅、标语、广告等不应遮挡标志标识、指示牌、公告、通知等服务设施，或影响其使用。

（12）广告宣传灯箱及灯光的使用不应影响标志标识、指示牌、公告、通知以及设施设备的辨认和使用。

【拓展阅读 3.5】

美国纽约地铁

美国纽约地铁是美国纽约市的城市轨道交通系统，也是全球历史最悠久的公共地下铁路系统之一，兴建于 1904 年，至今已经 100 多年的历史（见图 3.14）。纽约地铁共有 472 座车站，商业营运路线长度为 394 千米，也是全球最繁忙的公共轨道交通之一，日均有 500 多万人乘地铁出行。

然而由于修建年代久远，纽约地铁车站环境及设施设备都落后于最新建设的地铁。

第一，纽约地铁并没有安装安全门，在纽约地铁等车，就像在老式火车站等车一样。上下班高峰期会比较危险，甚至发生过多人被推下站台的交通事故。

图 3.14 美国纽约地铁车站

第二，纽约的地铁停运晚点是常事，而且很多站点没有电梯。纽约地铁一般在周末停运，或者是举行一些比较大型的活动时停运。地铁晚点则很平常，据统计，纽约地铁平均每个月要发生近 75 000 次延误，也就是说，每天竟然有大约 2500 趟地铁晚点，大大影响了乘客的出行。

第三，地铁的卫生状态堪忧。乘客甚至可以见到在轨道上大摇大摆跑跳的老鼠。

虽然地铁车厢里面比较干净，但是在候车点经常有垃圾、水渍，轨道上也有垃圾。有些比较偏远，或者历史比较久的站，显得非常破旧。

第四，通信设施不完善。在2017年之前，搭乘纽约地铁最无奈的一点是：大多数地铁线路没有信号，不能上网，也不能打电话发短信。一般情况下，进了纽约地铁，就暂时与外界失联了。所以，在地铁内，会经常看到有人在看书或用手机听音乐、玩游戏，但乘客基本上都戴着耳机。

2017年之后，纽约地铁站内新增设了通信讯号和免费无线网络，但当地铁门关上列车行驶后，信号还是会中断，网络还是不连贯。

虽然纽约地铁有这么多缺点，但是它仍然还是有吸引人的地方，是纽约市民最主要的交通工具。比如纽约地铁24小时运行，地铁票种也相当丰富，分为次票、周票、月票等，乘客可以根据不同的需求购买，价格也相对公道。

——引自东方新闻网

三、乘客对服务文化的知觉

服务文化是企业的一部分，是体现企业的服务特点、服务水平和服务质量的物质和精神因素的总和，包括物质文化、制度文化、线路文化等。

1. 物质文化

轨道物质文化主要指通过轨道交通设施、设备和相关实物所体现出的文化特征和价值。主要体现在轨道交通系统的硬件设施上，包括轨道线路、车站建筑、列车设备以及其他相关设施等。这些硬件设施不仅承载着运输功能，还通过其设计、构造和装饰，展现出特定的文化内涵和审美价值。

车站建筑是轨道交通系统的重要节点，其设计风格和装饰特色往往能够反映出当地的历史文化、城市风貌和时代特色。例如，一些古老的车站建筑可能采用传统的建筑风格，而现代的车站则可能更加注重功能性和环保性。同时，车站内部的装饰和设施也体现了对乘客的关怀和服务理念。

此外，列车设备也是轨道物质文化的重要组成部分。列车的外观设计、内部装饰以及座椅、照明等细节都体现了对乘客舒适度和安全性的考虑。同时，随着科技的发展，越来越多的智能化、人性化的设备被应用到列车上，提升了乘客的出行体验。

2. 制度文化

轨道制度文化主要指轨道交通企业在运营和管理过程中形成的一系列规章制度、管理模式、责任机制等，它们共同构成了企业内部的规范体系，确保了轨道交通系统的安全、高效、有序运行。

首先，轨道制度规定了员工的行为准则和工作标准，确保了员工在各自岗位上能够履行职责，保障轨道交通服务的顺利进行。同时，制度也明确了企业的组织结构和管理模式，使得企业能够高效地进行资源配置和决策制定。

其次，轨道制度文化还体现在对安全管理的重视上。轨道交通是公共交通工具，其安全性至关重要。因此，轨道交通企业会制定严格的安全管理制度和操作规程，确保列车运行、设备维护、应急处理等方面的安全。

此外，轨道制度文化还包括对服务质量的追求。为了提高乘客满意度，轨道交通企业会制定服务标准和服务流程，培训员工提供优质的服务；同时，建立乘客反馈机制，及时了解乘客需求，持续改进服务质量。

以下是北京地铁服务原则的相关规定：

（1）始终以乘客需求为导向，以建设"人文型"地铁为目标。

（2）坚持"以人为本"的服务理念，牢固树立代表城市形象的"首都意识"；坚持服务窗口无小事的"窗口意识"；坚持一切以尊重乘客为先的"服务意识"。

（3）坚持"以客为尊，有理有节；首问负责，微笑服务；遵章守纪、作业标准；坚持原则，灵活处理"的服务原则。

（4）服务行为规范：仪表端庄、态度热忱、言行得体、作业规范。

3. 线路文化

轨道线路文化涵盖了轨道交通系统所承载和展现的各种文化元素和内涵。这些文化元素不仅体现在轨道交通的硬件设施上，如车站设计、列车装饰等，还体现在轨道交通的运营管理和服务中。

轨道线路文化是一种地域文化的体现。不同的城市、地区都有其独特的历史、传统和文化特色，这些特色在轨道交通线路中得到了充分的展现。例如，一些城市的轨道交通线路以当地的历史事件、名人故事或文化符号为主题，通过车站装饰、列车涂装等方式，向乘客传递着城市的文化魅力。

轨道交通是城市公共交通的重要组成部分，其运营管理和服务水平直接影响着市民的出行体验和城市形象。因此，在轨道交通线路的建设和运营中，注重文化元素的融入和传承，不仅可以提升市民的文化素养和审美水平，还可以促进城市精神文明建设和社会和谐发展。

【拓展阅读3.6】

重庆轨道交通的线路文化

1号线（朝天门—璧山）：以"人文风情"为主题，主题色是石榴红。

线路简介：主城全长38千米，设22座车站。以"人文风情"为主题的轨道交通1号线从民俗史话、民俗风情着手，以站厅为载体，呈现多组不同题材的壁画、浮雕、图片及涂鸦艺术。多角度回顾重庆发展历程和变化。

2号线（较场口—鱼洞）：以"巴渝文化"为主题，主题色是森林绿。

线路简介：全长约37.2千米，支线从曹家院子到中梁山，长约6.6千米，共设28座车站。较场口、佛图关等18个车站共有36堵历史文化故事墙，以图文并茂的形式展示上溯"巫山猿人"，下迄"五四运动"前后的巴渝文化历史，这些故事墙完整呈现了一部荡气回肠的巴渝发展史。

3号线（鱼洞—外环北路）：以"寻常百姓"为主题，主题色是琉璃蓝。

图3.15 重庆轨道2号线

线路简介：全长约63.4千米，支线从江北机场到工业园区，长约6.3千米，共设42座车站。突出市井百态。城市阶梯小道上掏耳朵、修脚、打麻将……这些极具市井气息的画面一一呈现，旨在留下老重庆普通市民的生活记忆，让更多年轻人了解山城特色的生活场景。

4号线（海峡路—复盛）：以"友好城市"为主题，主题色是鲜橙黄。

线路简介：全长约47.3千米，共设25座车站。以图文并茂的形式，对与重庆结为友好城市的发达城市进行介绍。直辖以来，重庆已与包括德国、澳大利亚在内的多个国家的城市结为友好城市，另外，重庆还与上海、成都等城市存在姐妹城市关系。

5号线（鸳鸯—江津）：以"印象重庆"为主题，主题色是浅葱蓝。

线路简介：主城区全长约62.1千米，共设29座车站。耸立在两江边的高层建筑、洪崖洞吊脚楼群、"人人重庆"标志……这些独具重庆特色的城市符号，以壁画、照片、浮雕等多种艺术形式集中表现。

6号线（茶园—五路口）：以"巴山渝水"为主题，主题色是浅粉红。

线路简介：全长约70.6千米，支线从蔡家到渝北南山，长约9.56千米，共设32座车站。重庆地形地貌特殊，有很多区别于其他城市的景点。大足石刻、天生三桥、钓鱼城、黑山谷……这些景点各具特色，独领风骚。

——引自人民网

四、影响乘客知觉的主观因素

主观因素是指知觉主体心理方面的因素。影响乘客知觉的心理因素包括乘客的需要与动机、知识与经验、兴趣与爱好、个性与情绪等。

1. 乘客的需要与动机

需要是人对客观现实的需求的主观反映，而动机则是人们为了满足需要而激励着主体采取行动的内隐性意向，二者密切相关。凡是能够满足需要、符合动机的事物，往往容易引起注意，成为知觉对象；反之，与需要和动机无关的事物，则易被知觉所忽略。如对于通勤乘客而言，他们最大的需求是交通准时准点，不耽搁自己上下班，而对乘车环境不太在意，对于这样的乘客而言，列车是否准时、能否顺利乘车就成了影响他们知觉的关键。而对于外出购物、旅游的乘客，他们的需求是良好的乘车环境，更在意乘车的舒适度，因此，乘车环境就是影响这类乘客知觉的关键。

2. 乘客的知识与经验

人的知识与经验直接影响知觉的内容、精确度和速度。经验是从实践活动中得来的知识和技能，它是人们行为的调节器。一般来说，人的知识经验越丰富，对事物知觉就越迅速、越全面、越深刻。如经常乘坐轨道交通工具的乘客，更容易感知服务的变化，更了解服务环境，也更能够熟悉地运用服务设施设备。而对于第一次乘坐轨道交通工具的乘客来说，过多的自主操作设备、复杂的导向标识会让他们对客运服务的便利性产生怀疑，因此，对于首次乘坐轨道交通工具的乘客，客运服务人员需要对其进行更多的引导与服务。

3. 乘客的兴趣与爱好

人们常常把知觉集中在自己感兴趣或喜爱的事物上，而其他事物作为背景被排除在知觉之外。比如，对艺术感兴趣的乘客可能会对列车或车站的艺术设计感兴趣；而旅游者对车站广播中提到的位置信息感兴趣；喜欢使用电子设备的乘客会对车站及列车上的免费网络更感兴趣。这些都会影响他们对于轨道交通工具的知觉。

4. 乘客的个性与情绪

人们的个性特征、气质、性格特征等都会对人们的知觉产生影响，如多血质的人对事物感知速度快，而抑郁质的人对事物观察细微。情绪状态在很大程度上影响着个人的知觉水平。在心情愉快的时候，乘客对客运服务的感知在深度上和广度上都会深刻鲜明；相反，情绪不好、心情烦躁，知觉水平就会降低，而且影响对整体服务的质量评价。

【课堂练习3.1】

轨道交通客运服务人员的职业角色

职业角色是指社会和职业规范对从事相应职业活动的人所形成的一种期望行为模式。那么在乘客心目中，轨道交通客运服务人员这一职业角色应当具备什么特征呢？我们可以尝试通过一场课堂调查来粗略了解一下。

操作规则如下：

1.请同学们以 6~8 人为一小组，每名同学列出你心目中"轨道交通客运服务人员"的 3~5 个特征词条。

2.统计本小组所有词条提及的频次。

3.将意思相近的词条进行合并处理。

4.按照提及的频次从高到低排列，并将其填写在表 3.1 中。

表 3.1　乘客心目中的轨道交通客运服务人员特征

序号	特征条目	提及频次
1		
2		
3		
4		
5		
6		
7		
8		
9		
10		

完成统计之后，小组间互相交流，看一看大家对轨道交通客运服务人员的职业角色的定位有何区别。

第四章 乘客情绪调节

【知识目标】

◇ 掌握情绪的概念
◇ 掌握情绪的分类、特性
◇ 掌握情绪的表现
◇ 掌握乘客的情绪表现
◇ 掌握影响乘客情绪的因素
◇ 掌握乘客不良情绪的调控方法

【能力目标】

◇ 能够分析乘客的不同情绪表现
◇ 能够掌握乘客情绪的调控技巧

【关键概念】

◇情绪、基本情绪、情绪表现、乘客情绪

【知识框架】

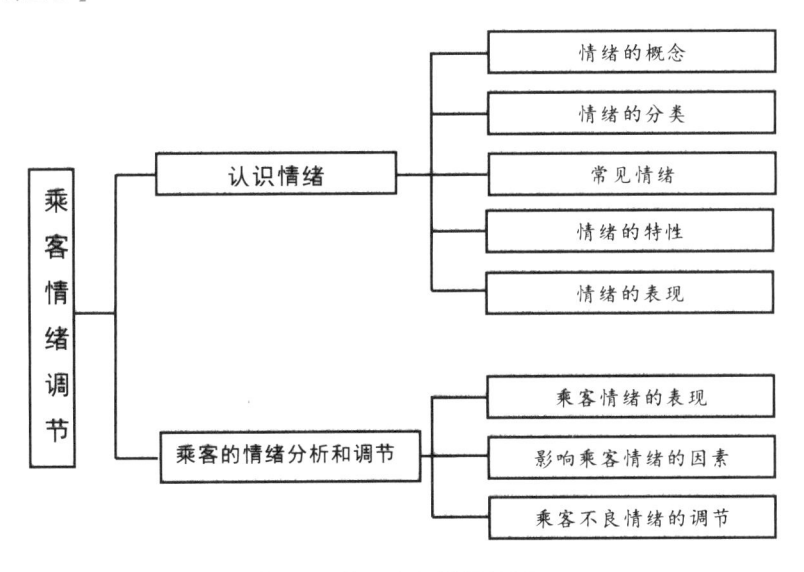

图 4.1 第四章知识框架图

第一节 认识情绪

一、情绪的概念

情绪是日常生活中不可或缺的一部分，每个人都会体验到不同的情感状态。

情绪（Emotion）是人对客观事物的态度反映，是多种感觉、思想和行为综合产生的心理和生理状态。

最普遍、通俗的情绪有喜、怒、哀、乐、惊、恐等，也有一些细腻微妙的情绪，如嫉妒、惭愧、羞耻、自豪等。情绪常和心情、性格、脾气等因素互相作用，也受到荷尔蒙和神经递质影响。无论正面还是负面的情绪，都会引发人们行动的动机。情绪与意识之间存在紧密的联系。尽管一些情绪引发的行为看上去没有经过思考，但实际上意识在产生情绪过程中起着重要作用。

二、情绪的分类

情绪是作为对事物的一种反映形式存在的，其内容丰富且复杂。根据情绪的性质、状态及包含的社会内容，可以做出不同的分类。

根据情绪的复杂程度，可以将情绪分为基本情绪与复合情绪（见图4.2）。

```
                    情绪
         ┌───────────┴───────────┐
       基本情绪                复合情绪
    ┌──┬──┬──┬──┬──┐       ┌──┬──┬──┬──┐
    快 愤 悲 恐 惊 厌       焦 抑 羞 爱 其
    乐 怒 伤 惧 讶 恶       虑 郁 愧    他
```

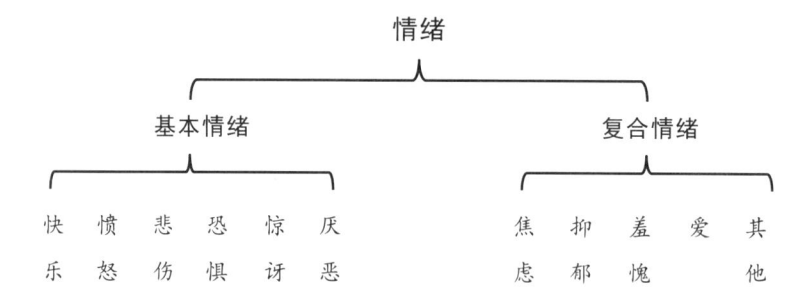

图 4.2 情绪的分类

1. 基本情绪

基本情绪（Basic Emotion）是人类天生就具有的情绪反应，它们具有普遍性，跨越文化和物种的界限。

常见的基本情绪包括快乐、愤怒、悲伤、恐惧、惊讶和厌恶。

这些情绪都有明显的生理和心理特征，如快乐时人们可能会微笑、心跳加速；愤怒时可能会皱眉、血压升高。这些基本情绪在人类社交、生存和适应环境中起到了关键作用。

2. 复合情绪

复合情绪（Complex Emotion）是由基本情绪的不同组合而派生出来的情绪。

复合情绪通常包含多种成分，反映了更丰富的情感体验。例如：

焦虑：由恐惧和不安组成。

抑郁：由悲伤和失落组成。

羞愧：由恐惧和悲伤组成，涉及对自我价值的否定。

爱：可能包含快乐、亲近和信任等成分。

复合情绪的出现往往与特定的情境或事件相关，它们可能涉及更复杂的认知评价和应对策略。

三、常见情绪

在所有情绪中，"喜怒哀惧"是基本情绪的重要组成部分，也是人们最常见的四大情绪。

1. 快乐

快乐（Happiness）是指个体的目的达到后，或者某种需要得到满足时产生的愉悦、满足和幸福的情绪体验（见图4.3）。

如高考时取得好成绩，买了一件自己喜欢的衣服，会产生快乐的体验。快乐可以有满意、愉快、欢乐、狂喜等不同的程度，快乐的程度取决于愿望满足的意外程度。目的突然出乎意料地实现会引起极大的快乐。

图4.3 快乐表情

快乐的来源不同，例如实现个人目标、取得成功、享受美好时光等。它不仅仅是对外在事物的简单反应，更是内心对生活和自身状态的积极评价和认同。

快乐不仅是瞬间的感受，也可以是一种持续的状态。当人们拥有积极的心态、乐观的态度和对生活的热爱时，他们更容易感受到快乐，并将其融入日常生活的方方面面。

快乐对个人的身心健康和幸福感具有重要影响。它有助于减轻压力、缓解焦虑，提升人们的幸福感和生活质量。同时，快乐也能够促进人际关系的和谐，增强社交能力，使人们更加愿意与他人分享和合作。

【课堂讨论4.1】

快乐的来源

快乐是人最基本的情绪体验，快乐的来源有很多，如买到一件喜欢的衣服会让人快乐，与好朋友聊天会让人快乐，甚至一个好的天气也会令人快乐。那快乐的主要来源是什么呢？

以小组为单位进行讨论,并将讨论结果写于下方。
(1)_____
(2)_____
(3)_____

---

2. 愤怒

愤怒(Anger)指个体的愿望不能实现或为达到目的的行动受到挫折时产生的一种紧张而不愉快的情绪体验(见图4.4)。

愤怒是一种强烈的情绪,它不仅仅局限于个人的愿望和挫折,也可以是对社会现象、他人遭遇甚至与自己无关事项的极度反感,这种情绪在社会性动物群体中尤为常见。愤怒被看作一种原始的情绪,它在动物身上是与求生、争夺食物和配偶等行为相联系的。

图 4.4 愤怒表情

愤怒的表达方式多种多样,可以是言语上的攻击,也可以是行为上的冲动。当人们处于愤怒状态时,往往容易失去理智,做出一些可能后悔的决定或行为。因此,学会管理和控制愤怒情绪是非常重要的。

此外,愤怒有时也是一种求助或悲痛的表达。当人们受到委屈或看到他人遭受不公待遇时,愤怒可能是一种天生的求救行为,希望引起他人的注意和援助。同时,愤怒也可能是从悲伤、失望、厌烦、羞愧等负面情感积累到一定程度所爆发的一种"过量状态",是人们悲痛到一定程度的表现。

愤怒按程度可分为不满、生气、暴怒几种。一般来说,当人们遇到挫折时,都会产生一定的不满情绪,但不一定会发怒。如果人们意识到这种挫折是由于他人的恶意中伤造成的,那么,怒气会油然而生。特别是当人的自尊受到伤害、人格受到侮辱时,往往会产生激烈的愤怒情绪,甚至勃然大怒。愤怒是一种不良情绪,它会破坏人的心理、生理平衡,从而诱发各种疾病。因此,容易发怒的人一般体质都欠佳。

3. 悲哀

悲哀(Sadness)指面对不如意的事情或失去珍视的事物时,个体内心深处产生的伤心、难过和痛苦的情绪体验(见图4.5)。

悲哀可能来自个人生活的各个领域,如亲情的丧失、友情的破裂、爱情的终结,或是个人目标、梦想的破灭等。

图 4.5 悲哀表情

它也可能由更广泛的社会或自然事件所引发，如战争、疾病、自然灾害等带来的伤痛和损失。

悲哀不仅仅是一种情绪的表达，它通常伴随着一系列生理和心理反应。在生理上，人们可能会出现流泪、胸闷、呼吸困难等反应；在心理上，则可能表现为情绪低落、思维迟缓、兴趣丧失等。这些反应可能会持续一段时间，并影响个体的日常生活和社交活动。

悲哀是人类情感的一部分，它有助于我们更深刻地认识生活的无常和珍贵，让我们更加珍惜现有的幸福和美好，反思过去的经历，从中汲取经验和教训。此外，悲哀也可以成为我们成长和改变的契机，激发我们去寻找新的生活目标和意义。

4. 恐惧

恐惧（Fear）是在面临危险的情境，或预感到某种潜在的威胁时，个体产生强烈不安、紧张和害怕的情绪体验（见图 4.6）。

恐惧是人们无力摆脱困境时的表现，它有多种来源，包括身体伤害、社交压力、环境变化、未知因素等。它可能表现为心跳加速、呼吸急促、出汗、肌肉紧张等生理反应，同时也可能伴随着焦虑、紧张、害怕等心理感受。这些反应都是个体在面临威胁时为了保护自身而采取的应急措施。

图 4.6　恐惧表情

适度的恐惧有助于人们保持警觉，提高应对潜在威胁的能力，在特定情况下是一种正常的、有益的反应，它有助于我们警觉并应对潜在的危险，但当恐惧过度或不合理时，它可能会对我们的日常生活产生负面影响。过度的恐惧可能导致焦虑障碍、恐惧症等心理问题，影响个体的心理健康和社交功能。

【课堂讨论 4.2】

负面情绪的作用

愤怒、悲哀、恐惧等都是人的负面情绪，此类情绪体验是不积极的，身体也会有不适感，影响工作和生活，甚至对身心造成伤害。但这些负面情绪是否有积极的作用呢？如果有，主要是哪些积极作用呢？

以小组为单位进行讨论，并将讨论结果写于下方。

（1）_____

（2）_____

（3）_____

四、情绪的特性

情绪既是主观感受，又是客观生理反应，具有目的性，也是一种社会表达。情绪是多元的、复杂的，具有如下特性。

1. 两极性

情绪的两极性（Bipolarity）是指两种或多种情绪体验在性质上呈现出截然相反的特点。

这种两极对立在人们的情感生活中是普遍存在的，反映了人类情感的复杂性和多样性。

情绪两极性体现在情绪的肯定和否定的对立上，如满意和不满意、愉快和悲伤、爱和憎等。值得注意的是，情绪的两极性并不是绝对的，它们可以相互转化和共存。例如，当人们面临挑战或困难时，可能会经历短暂的消极情绪，但随着问题的解决和目标的达成，这些消极情绪可能会转化为积极情绪。

情绪的两极性还可以表现在强度的对立上，即从弱到强的两极状态。许多类别的情绪都可以有强、弱的等级变化，如从微弱的不安到强烈的激动，从愉快到狂喜，从微愠到暴怒，从担心到恐惧等。

心理学家罗素（James A. Russell）提出了情绪维度理论，他将情绪按照"愉快度"和"强度"两个维度划分为不同类别，图4.7是罗素建立的情绪环形模型，你可以在模型中通过对角线轻易地找出多种对立的情绪。

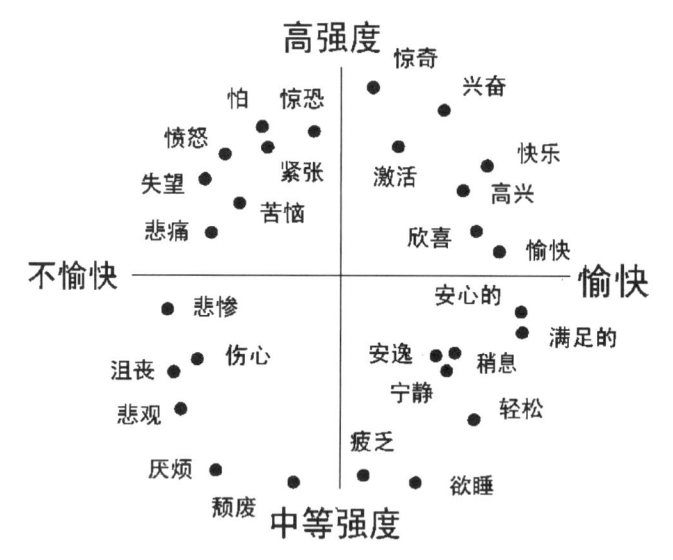

图 4.7 罗素的情绪环形模型

2. 感染性

情绪的感染性（Infectious）是指情绪可以在人与人之间无意识地传递，影响他人的情感状态。

人的情绪具有很强的感染性，不仅影响自身的身心状态，也会感染他人。在人际互动中，人们很容易被对方情绪感染，产生相应的情绪体验。积极的情绪向人们传递的是愉快、接纳、满意、肯定等信息，会使对方心情愉快；消极的情绪向人们传递的是不悦、排斥、拒绝、不满、否定等信息，往往会使对方感到压抑。

需要注意的是，情绪感染并不是一种单向的过程，而是个体之间相互作用的结果。每个人的情绪状态都可能受到他人的影响，同时也在影响着他人的情绪。因此，我们需要学会有效地管理和调节自己的情绪，以避免负面情绪的传播和扩散，同时积极传递正面情绪，促进人际关系的和谐与发展。

在现实工作和生活中，一些乘客不善于把握和控制自己的情绪，愤怒时，常常怒气冲天，甚至出言不逊，致使周围的人受到伤害。

【拓展阅读 4.1】

笑的传染

"几乎每次一群人里有人开始大笑时，马上就有其他人也跟着笑得前俯后仰。现在，研究者已经发现了隐藏在这个现象后的秘密，而且解释了为什么大笑会这么容易传染。

伦敦大学学院的神经学家索菲·斯科特（Sophie Scott）对 20 名志愿者的大脑活动做了核磁成像，在扫描他们的大脑的同时给他们听大笑声或狂喜的尖叫声或因为害怕和厌恶而抱怨的声音。索菲·斯科特还给他们播放了一种中立的没有特别含义的人造声音。

研究发现，当人们听到笑声或满意的声音后，大脑的反应比听到消极情绪的声音的反应明显，这意味着当听到别人的值得高兴的事情后，大脑更愿意去模仿。

也许这可以解释为什么大笑这么容易传染，但是研究者仍然疑惑为什么会这样呢？

图 4.8 笑的传染

有一个解释指出：在大脑的进化过程中，当有杂乱无章的争斗时，笑声会释放一个明显的信号——这并不是真的争斗。

另外，索菲·斯科特认为模仿别人的情绪能使人与人之间的交流和互动更容易。

3. 动力性

情绪的动力性（Dynamic Property）也称为"情绪的能量特性"，是指情绪能够给心理活动注入一定的能量，进而影响个体的行为和认知表现。

具体来说，当个体的情绪状态发生变化时，其心率、呼吸、血压、激素水平均会发生明显的变化。例如，在恐惧的情绪下，个体会出现心跳加快、呼吸急促、肌肉紧张等生理反应，这些反应为个体采取进攻或逃跑提供了必要的生理准备。

情绪的动力性不仅表现在对生理反应的影响上，更体现在对个体行为和认知的驱动上。情绪越强烈，对行为的驱动力通常也越大。一个处于激情状态下的人，其行为往往受到情绪的强烈驱动，可能需要更多的时间来恢复平静。此外，情绪的动力性还对人的感知、思维、记忆、注意、观念、欲望等心理诸方面都有一定的驱动作用。

同时，情绪的动力性具有增力和减力两极。当个体的需要得到满足时，会产生积极的情绪，这种情绪能够提高人的活动能力，对行为起促进作用；相反，当需要得不到满足时，会产生消极的情绪，这种情绪会降低人的活动能力，对行为起瓦解作用。

五、情绪的表现

情绪表现是有机体情绪状态的外部表现，包括面部表情、身体姿态和言语三个方面。

刚出生的婴儿便有情绪表现，如快乐、愤怒、恐惧等，即一些原始的情绪反应，其与生理需求是否得到满足有关，是与生俱来的。因此，情绪表现是人类进化与适应的产物。

1. 面部表情

面部表情（Countenance）是指通过眼部肌肉、颜面肌肉和口部肌肉的变化来表现各种情绪状态（见图 4.9）。

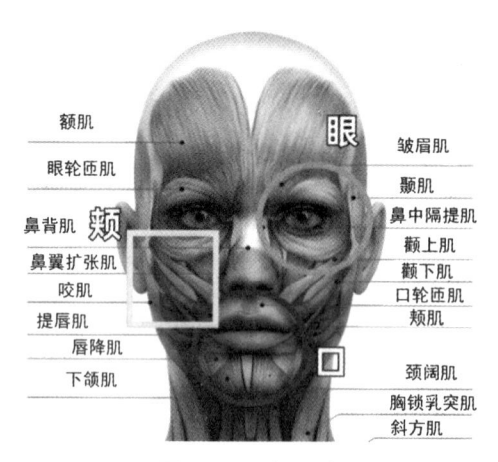

图 4.9 面部肌肉

面部表情是人类表达情感、传递信息和交流思想的重要手段之一。不同的情绪会产生不同的面部表情。面部表情能精细、准确地反映人的情绪。

伊扎德（C.E. Izard）将人的面部分为额眉—鼻根区、眼—鼻颊区、口唇—下巴区，其认为这三个区域的活动构成了不同的面部表情，表达着相应的情绪。比如，人愉快时，额眉—鼻根区放松，眉毛下降；眼—鼻颊区眼睛眯小，面颊上提，鼻面扩张；口唇—下巴区嘴角后收、上翘。这三个区域的肌肉运动组合起来就构成了笑的面部表情。在表现不同情绪的面部表情中，起主导作用的肌肉各有不同。如笑时嘴角上翘，惊奇时眼和嘴张大，伤心时双眉和嘴角下垂。

【拓展阅读 4.2】

心理学实验——面部表情实验

世界上所有人的面部表情都一样吗？

美国心理学家保罗·艾克曼（Paul Ekman）和他的工作团队来到了位于巴布亚新几内亚东南部的高原，在那里生活的当地人几乎与世隔绝。他们几乎没有接触过西方或东方的现代文化。也就是说，除了本族人的面部表情外，他们没有接触过来自其他文化的表现情绪的面部表情。

这次研究总共选中了 189 名成年人和 130 名儿童。研究人员给他们呈现了三张印有不同面部表情的照片，同时读一段简短描述该情绪产生的情境或故事情节。每一段情节描述对应三张照片中的一张。听完故事后，要求被试指出与该情节描述最为匹配的面部表情照片。

在故事情节及面部表情照片的选择上要非常谨慎，必须确保每个情节只与一种情绪有关，而且这种情绪所对应的面部表情照片必须能被当地人所辨认。

最终，艾克曼团队将基本情绪确定为愉快、悲伤、愤怒、惊奇、厌恶、恐惧六种，并编织出与之相匹配的故事情节：

（1）愉快——他/她的朋友来了，他/她很高兴。

（2）悲伤——他/她的孩子/妈妈死了，他/她感到很悲伤。

图 4.10　保罗·艾克曼在原始部落

（3）愤怒——他/她很生气，而且要动手打人。

（4）惊奇——他/她看到一件出乎意料的新玩意儿。

（5）厌恶——他/她看见一件他/她不喜欢的东西；或者他/她闻到某种很难闻的气味。

（6）恐惧——他/她独自坐在自己的屋子里，整个村子里没有其他人。屋子里没有刀、斧头或弓箭，一头野猪正站在他/她的家门口。

实验结果发现：所有参与实验的当地人除了在识别恐惧和惊奇时正确率稍低外，其他情绪识别率都非常理想，达到了统计学上的显著水平，而且比较受过西方文化影响的与未受过影响的当地成年被试，他们在匹配照片与故事的正确率上不存在显著差异。艾克曼团队的研究证实了人们对面部表情具有普遍性猜测认知。

---

2. 身体姿态

身体姿态（Posture）是除面部之外身体其他部位的动作。

头、手和脚是表达情绪的主要身体部位。例如，人在欢乐时手舞足蹈，悔恨时顿足捶胸，惧怕时手足无措，羞怯时扭扭捏捏。舞蹈和哑剧是演员用身体姿态和面部表情反映情感和思想的艺术形式。

以手部肢体动作为例，不同的手部动作体现了不同的情绪状态。

尖塔式手势：代表自信的一种手部动作，对自己的想法或地位非常自信，是某些地位较高的人的保留动作（见图 4.11）。

人在有压力或焦虑状态时，手部往往会无意识地抓紧且不停地搓动，甚至发抖（见图 4.12）。

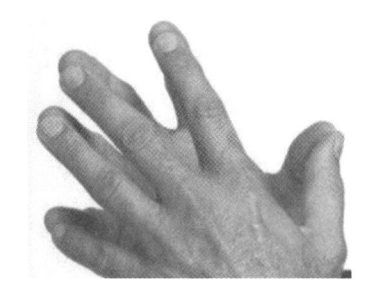

图 4.11　尖塔式手部动作　　　　图 4.12　紧张焦虑时手部动作

如果在与人沟通时双手交叉、环抱双手，则体现了距离感，希望用手臂形成与对方的阻隔，与对方保持一定的距离，是一种潜意识的自我保护（见图 4.13）。

图 4.13　双手交叉动作

从某种角度而言，某人双手叉腰表明其具有一定的进攻性，而双手摊开则表明其不具有威胁性，双手捂住自己的脸部表明无奈与懊悔等。

【课堂讨论 4.3】

身体姿态反映情绪

人的身体姿态往往都与自身情绪状态有关，微小的手部动作或全身的姿态都体现了情绪的变化。除了上述例子外，你还知道哪些表现自身情绪状态的身体姿态？

以小组为单位进行讨论，并将讨论结果写于下方。

（1）_____

（2）_____

（3）_____

3. 言语

言语（Speech）是指人们运用语言进行交际的过程。

人们通过语言交流时，会不可避免地带有情绪，使得言语不仅仅是传递信息的工具，更成为表达内心感受的媒介。

言语的声调、节奏和速度的表现不同，其情绪也不同。言语中的情绪可以表现为不同的词汇和语气选择。当人们感到高兴时，可能会使用积极的词汇，语调轻松愉快；而悲伤时，可能会选择沉重、伤感的词汇，语调低沉。愤怒时，言语可能变得激烈、尖锐，甚至带有攻击性。恐惧时，声音可能颤抖，语言充满不安和担忧。

此外，言语中的情绪还可以通过语言的节奏、音量和音调等因素来传达。例如，兴奋时语速可能加快，音量提高；而沮丧时，语速可能放缓，音调降低。

身体姿态与言语一样是人际交往的重要工具，但是在三种主要表情动作中，面部表情起主要作用，而身体姿态和言语往往是情绪表达的辅助手段。

第二节　乘客的情绪分析和调节

一、乘客情绪的表现

乘客的情绪表现多种多样，这些情绪可能受到多种因素的影响，包括地铁的服务质量、车厢环境、个人状态以及外部事件等。乘客出行过程中的心理情绪必然伴随着一些典型表现，通过分析，可以更有效地为乘客提供服务。

以下是一些常见的地铁乘客情绪表现：

1. 平静

平静（Calm）是人们在没有太多心理刺激的情况下保持情绪稳定的状态。

在平静的状态下，我们更容易集中注意力，思考问题更加清晰，决策也更加明智。此外，平静有助于我们保持良好的身心健康，减少焦虑、抑郁等负面情绪的影响。

由于轨道交通工具相对于其他交通工具更加准时准点，有其固定的行车规律，乘客只需要按部就班地乘坐即可。因此，在运行非高峰时期，大部分乘客会很平静。

乘客平静的表现：乘客在候车时有序地排队，乘车时保持自己的位置不移动，专心做自己的事，如玩手机、听音乐等。这也是乘客自身对于安静的心理需求。在嘈杂的环境中，尽量保持安静，减少喧哗，动中求静，这是人之常情，也是大多数乘客的共同心理。

但是，平静状态可能会受一些因素的影响，如在上班高峰期，乘客急于乘车，难以保持平静的状态；也可能受一些突发事件的影响，如出现紧急刹车的情况，乘客的情绪会由平静转为惊惧。

2. 焦虑

焦虑（Anxiety）指一种不安、紧张、担忧或恐惧的情绪体验。

焦虑情绪可能源于对未来事件或结果的担忧，也可能与当前的环境或情境有关。焦虑可以影响人们的思维、行为和身体健康，表现为注意力不集中、烦躁不安、失眠、心跳加速等。

当发生运营故障，造成运营延误或停运而车站又没有及时提供相关信息时，大多数乘客会产生焦虑情绪。

乘客焦虑的表现：乘客出现坐立不安，不停地移动身体，或者频繁地查看手机，部分乘客会来回走动，并伴随语言上的抱怨等行为。

对此，轨道交通客运服务人员应该及时找出引发乘客焦虑的原因，采用广播、通告等形式消除乘客的焦虑源，对个别乘客也可以采用有针对性的安慰性的语言或给予理解和安抚的目光，这些都能有效地减轻乘客的焦虑反应。在某些极端情况下，其焦虑反应还会发展成歇斯底里、大吵大闹，虽然这种情况比较少，但一旦发生，影响是极坏的，服务人员要保持高度警惕，以免局面失控。

3. 愤怒

愤怒（Anger）是人们在实现某种目的的过程中受到了挫折，或者愿望无法得到满足时产生的情绪体验。

愤怒情绪对个体健康有不良影响，可能导致血压上升、消化不良等问题。因此，学会管理愤怒情绪对于维护身心健康至关重要。

乘客愤怒的表现有：大声喊叫，语言攻击，以此表达对地铁服务、其他乘客行为或其他情况的不满，部分过于激动的乘客可能会做出一些激烈的肢体动作，如挥手、拍打座位或扶手，甚至推搡其他乘客或工作人员。

乘客的愤怒情绪是一种常见的负面情绪表现。这种情绪可能源于多种原因，包括但不限于拥挤、延误、服务不佳、个人空间被侵犯等。当这些因素导致乘客感到不满或受到压力时，他们可能会表现出愤怒的情绪。愤怒导致的乘客行为不仅可能影响其他乘客的乘车体验，还可能对地铁运营造成一定的干扰和安全隐患。

4. 疲劳

疲劳（Fatigue）是由于长时间的精神紧张、压力过大或体力消耗过多而导致的情绪上的疲惫和低落状态。

疲劳情绪对个人的心理健康和生活质量产生负面影响。长期处于疲劳情绪状态下，人们可能感到精力难以集中，思维变得迟缓，甚至出现记忆力减退的现象。同时，身体也可能出现各种不适，如头痛、肌肉酸痛等。

乘客疲劳的表现：步履蹒跚、动作迟缓、目光呆滞，对外界的事物表现得漠不关心，总想找个座位休息。

最常见的乘客疲劳情绪大都发生在下班高峰时段。经过了一天的工作，下班后精神放松，很容易产生一种解放和放松感，以及由此产生的一种体力上的不可抗拒的疲劳感。

受疲劳情绪影响的乘客最不愿意被打扰，主观上希望车厢不太拥挤，最好还能有个座位。因此，对车厢拥挤度和列车运行的时间间隔最敏感，总希望在车站等候的时间少些、列车开得快些、列车相对宽松些。如果此时发生非正常运营事件，一般较难取得乘客的理解和配合，因此，车站服务人员在处理相关问题时，必须充分理解乘客的疲劳状况，尽可能少让他们付出体力，明确告知目前的运营情况和恢复运营所需的时间，让乘客自己决定去留，尽量取得乘客的谅解。

5. 恐惧

恐惧（Fear）是人们面临危险的情境，或预感到某种潜在的威胁时产生的情绪体验。

恐惧在群体中具有较强的感染性，如果个别乘客的恐惧情绪不能及时消除，往往会在其他乘客中蔓延，造成群体性恐慌，甚至使客运秩序失控。

乘客恐惧的表现：乘客出现大量出汗、身体颤抖、呼吸急促等生理反应，行为上出现反复检查车门、座位，并会选择提前下车等，以确保自身安全。

乘客的恐惧情绪通常源于对地铁环境、安全状况或突发事件的担忧。乘客可能害怕地铁发生事故，如脱轨、碰撞等，或者担心地铁出现故障，如停电、信号失灵等。此外，地铁中的拥挤、封闭环境也可能引发乘客的恐慌情绪，尤其是在紧急情况下，如火灾、地震等。

恐惧心理具有感染性，其蔓延速度与乘客对危险性的预测和心理承受能力有关。

恢复正常运营，或尽快告知造成当前状况的原因以及恢复措施，提醒乘客配合，这才是避免客流组织失控的有效措施。

二、影响乘客情绪的因素

1. 乘车与候车环境

乘车与候车环境对乘客情绪的影响不容忽视，列车车厢的舒适度、噪音水平、拥挤程度以及车站的设施完善程度等因素都可能影响乘客的情绪（见图4.14）。

图 4.14　舒适的候车环境

列车车厢内的物理环境对乘客情绪有直接的影响。一个干净整洁、温度适宜、照明柔和且座位舒适的车厢，能够使乘客产生愉悦和放松的情绪；反之，如果车厢脏乱、温度过高或过低、照明刺眼或座位不舒适，乘客可能会感到不适和烦躁。

列车的拥挤程度也会对乘客情绪产生较大影响。在高峰时段，车厢里的乘客很多，乘客之间的身体接触增多，个人空间变得狭小。这种拥挤的环境会让乘客感到压抑和不适，容易产生焦虑、烦躁等负面情绪。因此，优化列车的编组和调度，减少高峰时段的拥挤程度，对于缓解乘客情绪具有重要意义。

车站的设施完善程度和信息服务水平也会影响乘客情绪。如果车站设施齐全、布局合理、导向清晰，乘客能够方便快捷地完成购票、安检、候车等流程，那么他们的情绪就会相对愉悦和轻松。反之，如果车站设施不完善、布局混乱、导向不明，乘客在乘车过程中会遇到诸多不便，从而产生不满和焦虑等负面情绪。

2. 外部事件的影响

外部事件也会对乘客情绪产生影响。这包括地铁的准时性、突发事件的应对能力以及与其他乘客或工作人员的互动等。

外部事件的发生往往伴随着不确定性和紧张氛围，这会对乘客的情绪状态产生影响。例如，列车的延误或取消可能令乘客感到愤怒和失望，而与其他乘客或工作人员的冲突则可能加剧乘客的负面情绪。

当出现乘客安全相关的事故或紧急状况时，会直接影响到乘客的安全感。例如，火灾、地震等突发事件会让乘客对地铁的安全性产生疑虑，导致他们在乘坐地铁时感到不安和担忧。

如果外部事件频繁发生或处理不当，乘客对轨道交通运营方的信任度可能会降低。他们可能会对轨道交通的安全管理、服务质量以及应对能力产生怀疑，这会影响他们对轨道交通的使用意愿和忠诚度。

3. 乘客个人因素

个人因素在乘客情绪中也起到重要作用。乘客的个性特点、情绪状态、健康状况和疲劳程度等都会影响他们的情绪表现。

个性特点对乘客情绪有较大影响。有些人天性乐观开朗，即使遇到地铁客流拥挤或延误，也能保持积极的心态；而有些人则可能敏感多虑，容易因为一些小事情而烦躁或不安。

乘客的心理状态也会影响情绪。例如，心情愉悦的乘客可能更容易忍受地铁中的不便，而焦虑或沮丧的乘客则可能更容易对地铁环境产生不满。

同时，乘客的需求和期望也是影响情绪的重要因素。如果乘客期望地铁能够准时、舒适地到达目的地，但实际情况却与期望相悖，那么他们可能会感到失望和不满。

轨道交通运营方在关注车站设施和环境的同时，也应考虑到乘客的个人因素，通过提供多样化的服务、加强信息沟通等方式，满足不同乘客的需求和期望，从而缓解他们的负面情绪，提升乘车体验。

三、乘客不良情绪的调节

乘客的不良情绪对客运服务具有一定的破坏性，对乘客的不良情绪的调节也体现了服务水平。轨道交通运营企业可以采取一系列措施来缓解乘客的不良情绪，提升他们的乘车体验。

1. 优化轨道交通环境

轨道交通环境对乘客情绪的影响是显著的，物理环境、噪音水平、拥挤程度、设施完善程度、信息服务水平以及安全状况等因素都会引发乘客的不良情绪。为了提升乘客的乘车体验和情绪状态，运营企业可以通过不断优化地铁环境来调节乘客的不良情绪。

例如，保持车厢内的清洁和卫生，提供舒适的座椅和适宜的温度，以减少乘客因环境不佳而产生的不满和焦虑情绪。合理设计地铁车厢内的照明和色彩搭配，营造温馨、宁静的氛围，这些美好的环境都能使乘客产生快乐的情绪，提升乘客的乘坐体验。

2. 提升客运服务质量

服务质量对乘客情绪具有显著影响。轨道交通作为城市公共交通的重要组成部分，其服务质量直接关系到乘客的出行体验和情绪状态。运营企业可通过改善服务质量来调节乘客的不良情绪。

例如，加强对员工的培训，增强他们的服务意识，提升其专业水平，确保能够为乘客提供及时、准确、友好的服务。设立乘客服务中心或咨询台，为乘客提供便捷的咨询和投诉渠道，及时解决他们在乘车过程中遇到的问题。还可以为特殊的乘客群体提供差异化的服务，如为老年人、孕妇、残疾人等特殊乘客提供优先服务，如设置专门的座位、提供无障碍设施等，体现对他们的关爱和尊重。针对不同乘客群体的需求，提供个性化的服务，如为上班族提供早餐服务、为游客提供旅游信息等，以改善乘客的交通体验。

3. 加强信息沟通

轨道交通信息的发布和沟通渠道也是影响乘客情绪的关键因素。如果运营企业能够及时、准确地发布列车时刻表、站点信息、换乘指引等，乘客就能更好地规划行程，减少因信息不足或错误而产生的焦虑和不安。相反，如果信息发布不及时或存在错误，乘客可能会感到困惑和不满，情绪状态也会受到影响。因而，可以通过加强信息沟通的方式来调节乘客的不良情绪。

例如，利用列车车厢内的显示屏、广播等渠道，及时向乘客发布列车时刻表、站点信息、换乘指引等，帮助乘客更好地规划行程，减少因信息不足而产生的不安情绪。在紧急情况下，及时、准确地向乘客传达相关信息，指导他们采取正确的应对措施，避免恐慌和混乱等。

以上这些措施的实施不仅能够缓解乘客的不良情绪，还能有助于维护运营企业的形象和声誉，提升乘客的忠诚度和满意度，为企业的可持续发展奠定坚实基础。

【课堂练习 4.1】

情绪的调节——同心园地

每个人都会受到不良情绪的影响，而不良情绪的调节方法之一就是向亲朋好友倾诉，通过与他人的沟通，让不良情绪得到释放。

你最近是不是受到了不良情绪的影响呢？如果有，可以与大家分享，共同探讨，以帮助大家更好地理解和管理自己的情绪。

活动准备：纸、签字笔。

活动规则：

1.每个同学用小纸条写出近期导致自己情绪不佳的问题，不记名。

2.收集纸条并将其放在小盒子内,统一交给老师。

3.老师随机抽取小纸条,让班上所有同学对上面的问题进行分析,共同探讨如何有针对性地调节情绪。

4.每位同学将学到的情绪调节办法进行整理,并记录在下方处。

(1)_____

(2)_____

(3)_____

第五章　乘客需求满足

【知识目标】

◇ 理解需求的概念
◇ 掌握需求的基本特征及种类
◇ 了解马斯洛的需求层次理论
◇ 掌握乘客的心理需求

【能力目标】

◇ 能利用马斯洛需求层次理论来分析乘客需求
◇ 能够根据乘客的心理需求提供相应的服务

【关键概念】

◇ 需求、马斯洛需求层次理论、乘客需求

【知识框架】

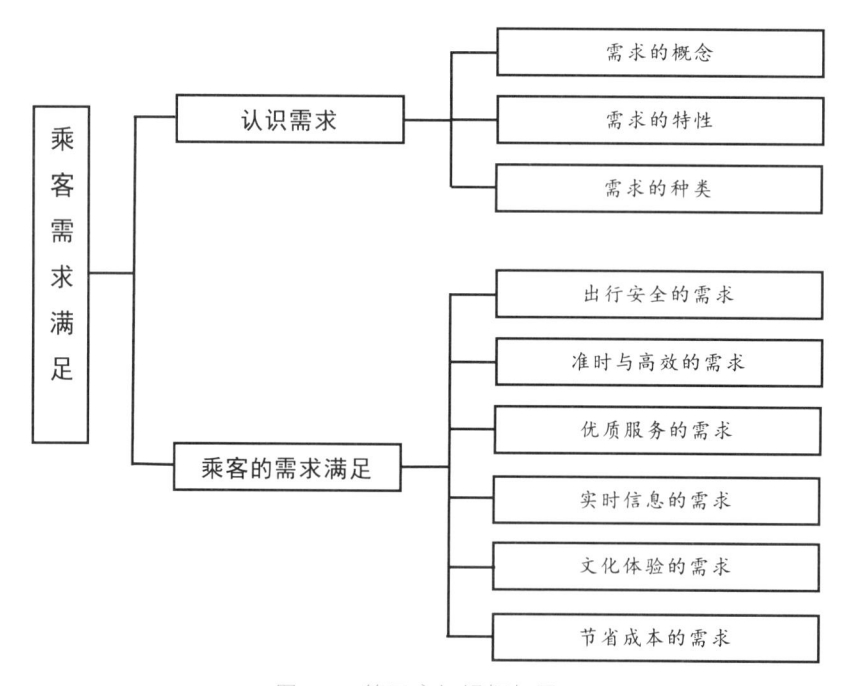

图 5.1　第五章知识框架图

第一节 认识需求

一、需求的概念

需求是人类生活中不可避免的一部分,它驱动着我们的行为、思考和决策。需求是一个多维度的概念,在经济学中指消费者对某种商品或服务愿意而且能够购买的数量,而在心理学中,需求的定义如下:

需求(Need)指人们身体内部的一种不平衡状态,表现为人们对内部环境或外部生活条件的一种稳定的追求,并成为活动的源泉。

这一概念包含以下两层含义。

1. 需求源于内部的某种缺乏和不平衡状态

需求的这种缺乏和不平衡的状态表现为生理和心理两方面。例如,如食物、水、空气、睡眠等生理需求,以及归属感、爱、尊重等心理需求。一旦需求得到满足,这种缺乏和不平衡也会随之消失,正如酒足饭饱后再去逛超市,就算见到平时最爱吃的食物,也没有食欲。

2. 需求是人类行为的动力源泉

人的需求是维持人的行为和活动的基本动力。美国著名心理学家马斯洛曾经说过,人是一种不断需求的动物,除短暂的时间外,极少达到完全满足的状况,一个欲望满足后,往往又会产生另一种欲望。因此,需求推动着人的行为活动,在行为活动中需求不断得到满足,但是另一种需求又会适时出现,推动人的行为活动,使人的活动不断地向前发展。

二、需求的特性

1. 多样性

需求的多样性(Diversity)是指在不同个体、不同情境下,人们对各种事物、服务或体验所表现出的多样化的需求倾向。由于人的社会实践活动范围极其广泛,在此基础上形成的需求也是多种多样的,它反映了人们需求的复杂性和丰富性。

需求的多样性体现在需求的层次和结构上。人们的需求不是单一的,而是由多个层次和方面构成的复杂体系。例如,在物质需求方面,人们可能同时需要食物、衣物、住所等;在精神需求方面,人们可能追求知识、友谊、尊重、自我实现等。这些不同层次和方面的需求相互交织,构成了需求的多样性。

同时,需求的多样性还表现为个人需求之间的差异性。由于每个人的背景、经历、偏好、经济能力、消费观念等不同,因此,即使面对同一产品或服务,个人的需求也会呈现出明显的差异。这种差异性使得需求具有多样性的特点。

2. 阶段性

需求的阶段性（Phased）特征是指个体在不同阶段或不同生命周期内,其需求呈现出明显的变化和差异。这种阶段性特征主要受到年龄、成长经历、生活环境等多种因素的影响。

个体在发展的不同时期,需求的特点也不同。例如,婴幼儿主要是生理需求,即需要吃、喝、睡;少年时期,开始发展到对知识、安全的需求;到青年时期又发展到对恋爱、婚姻的需求;到成年时,又发展到对名誉、地位、尊重等需求;进入老年,人们对于精神寄托和社交活动则产生更为强烈的需求。

【课堂讨论 5.1】

大学生的需求

人的需求都有一定的阶段性,作为一名大学生,现阶段大家最重要的需求是什么呢?

以小组为单位进行讨论,并将讨论结果写于下方。

（1）_____
（2）_____
（3）_____

3. 社会制约性

需求的社会制约性（Social Constraint）是指个体的需求并非完全由个人内在因素决定,而是受到社会因素的影响和制约。这里的社会因素包括社会环境、社会生产力、文化背景、教育水平等。一定的社会历史条件会制约人的需求,同样,社会历史条件的发展变化也会引起需求的内容范围以及满足方式的相应变化。

人们的需求既受时代、历史的影响,又受阶级性的影响。在经济落后、生活水平低下时期,人们需要的是温饱;在经济发展、生活水平提高的时期,人们需要的不仅是丰裕的物质生活,也需要高雅的精神生活。具有不同的阶级属性的人,其需求也不一样。资产阶级需要的是不劳而获、坐享其成;工人阶级需要的是自由、民主、温饱和消灭剥削。由此可见,人的需求又具有社会性和历史与阶级的制约性。

【拓展阅读 5.1】

"三大件"需求的变迁

结婚是一个人一生中最幸福、最重要的一件事情。20 世纪七八十年代，为了筹备婚礼，男女双方一般都要置办几件在当时颇为流行的物品，而这些流行物品逐渐演变成人们所谈论的"结婚三大件"。

20 世纪七八十年代，结婚很简单，基本电器三大件就搞定。70 年代的三大件是：自行车、手表和缝纫机，要求高点的会再加上收音机，即"三转一响"。那时候，每个准备结婚的姑娘都想要这三样东西，有的甚至连品牌都有要求，如"上海"牌手表、"永久"牌自行车、"飞人"牌缝纫机，这些都是当时最好的品牌。条件稍差的人家也要有"东风"牌手表、"红旗"牌自行车和"燕"牌缝纫机。而对于没有孩子结婚的人家，也把拥有这"三大件"作为家庭的奋斗目标。

图 5.2　20 世纪 70 年代的"三大件"

到了 20 世纪 80 年代，人民生活水平日益提高，曾经风靡一时的旧三件也被新三件——电视机、洗衣机和电冰箱所替代。

现在，社会需求又发生了巨大的变化，大家想一想现在结婚的三大件是什么？

除了结婚三大件的变化以外，还有哪些需求随着社会的发展而变化？以小组为单位进行讨论，并将讨论结果写于下方。

（1）_____
（2）_____
（3）_____

三、需求的种类

按照不同的标准和角度划分，需求的种类也不同。目前，大多数学者主要从需求的起源和需求的指向对象两个方面对需求进行划分（见图 5.3）。

1. 按需求的起源分类

按需求的起源划分，可将需求分为自然性需求和社会性需求。

（1）自然性需求。

自然性需求（Natural Needs）也称为"生理性需求"，是个体为了延续和发展其生命所必需的客观条件。

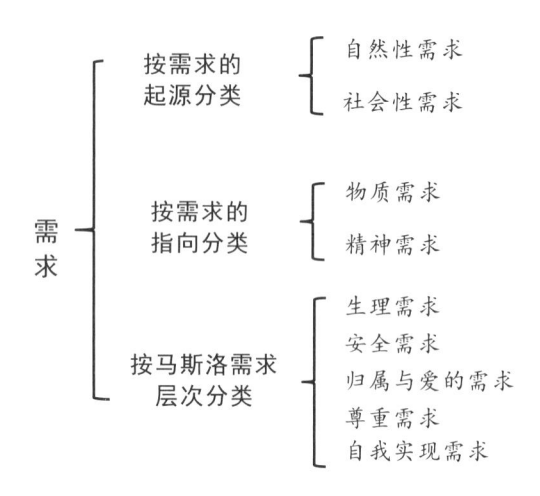

```
         ┌ 按需求的   ┌ 自然性需求
         │ 起源分类   └ 社会性需求
         │
         │ 按需求的   ┌ 物质需求
   需求 ─┤ 指向分类   └ 精神需求
         │
         │           ┌ 生理需求
         │ 按马斯洛需求│ 安全需求
         └ 层次分类   │ 归属与爱的需求
                     │ 尊重需求
                     └ 自我实现需求
```

图 5.3　需求的种类

自然性需求主要源自人的生理机制，与生俱有，并主要表现为从外部获取一定的物质以满足内部的不平衡状态。自然性需求的内容广泛，包括但不限于饮食需求、睡眠需求、运动需求、休息需求，以及为繁衍后代而产生的性欲等。这些需求对维持人的生理状况平衡至关重要，一旦人的生理状况出现不平衡，自然需求就会产生，并引发一定的行为以恢复平衡。

（2）社会性需求。

社会性需求（Social Needs）指与人的社会生活相联系的各种需求。

社会性需求是在个体成长和社会化过程中，通过学习和经验积累逐渐形成的，并随着社会生活条件的变化而有所不同。社会性需求的种类丰富多样，包括但不限于劳动需求、交往需求、成就需求等。社会性需求是后天习得的，是由社会的发展条件决定的，具有内涵性，往往蕴藏在内心不易被察觉，且大多是从人的内在精神获得满足。

2. 按需求的指向分类

按需求的指向对象划分，可将需求分为物质需求和精神需求。

（1）物质需求。

物质需求（Material Needs）是指个体在生存和发展过程中，对物质资源和物质条件的基本需求。

物质需求涵盖了人们日常生活中所必需的物品、资源和服务，以满足基本的生活需求和提高生活质量。物质需求通常包括食物、水、衣物、住所等生活必需品，以及教育、医疗、交通等基础设施和服务。这些需求是人们在生理和社会层面上所必需的，对于个体的生存和发展具有重要意义。

（2）精神需求。

精神需求（Spiritual Needs）是指人类在心理和情感层面上的需求。

精神需求是人类生存和发展的重要组成部分。它与生理需求相辅相成，共同构成了人的整体需求系统。精神需求包括多个方面，例如对尊重、友谊、爱情、审美、道德、求知、才干、理想等方面的追求。这些都是人们在精神上的欲望和追求，反映了人们对心理满足和精神生活的渴望。

以上的两种分类是一种相对的划分，二者是相互交叉的。例如，对进食而言，它既是自然性需求，也是物质需求；对交往而言，它既是社会性需求，也是精神需求。

【课堂讨论 5.2】

物质需求 vs 精神需求

按需求的指向对象划分，可将需求分为物质需求和精神需求，那么你认为现代社会，人们是更重视物质需求，还是更重视精神需求的满足？并说一说理由。

以小组为单位进行讨论，并将讨论结果写于下方。

（1）_____
（2）_____
（3）_____

3. 按马斯洛需求层次分类

马斯洛需求层次理论（Maslow's Hierarchy of Needs）是美国心理学家马斯洛（Abraham H. Maslow）于1943年在《人类激励理论》论文中提出的一种关于人类需求结构的理论，该理论将人类需求从低到高分为五个层次，分别是生理的需求、安全的需求、归属与爱的需求、尊重的需求和自我实现的需求（见图5.4）。

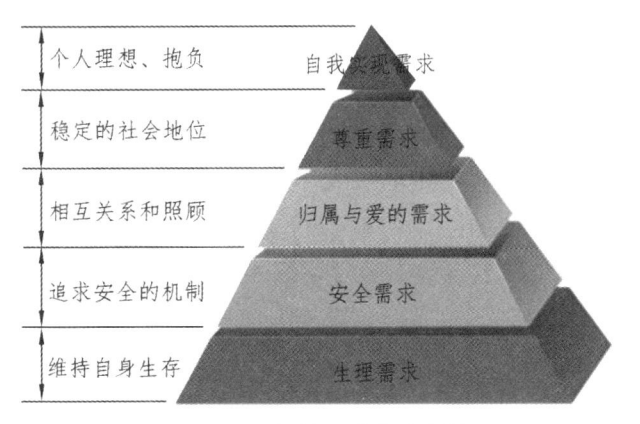

图 5.4　马斯洛需求层次理论

这五个层次的需求从基本到复杂，形成了一个金字塔结构。通常，只有当低层次的需求得到满足后，人们才会追求更高层次的需求。马斯洛需求层次理论为我们理解人类行为和动机提供了一个重要的框架。

（1）生理需求。

生理需求（Physiological Needs）是人为了能够生存而必不可少的需求，是最原始、最基本、优先满足的生活需求。

生理需求包括食物、水、氧气、睡眠、排泄、性等基本生活要素的需求。生理需求在五个等级中处于最底层，是一种较低层次的需求，但是它却占有绝对的优势，如果一个人的生理需求得不到满足，个体的生理机能就无法正常运转，生命将受到威胁，那么他的其他需求就将被忽视或被放到次要位置。

（2）安全需求。

安全需求（Security Needs）指个体对于稳定、秩序、避免伤害、寻求安全与保护的需求。

当生理需求得到满足后，人们会转向追求安全感。这包括对身体健康的保护、对财产安全的保障、对稳定的工作和生活环境的渴望，以及对避免伤害和威胁的追求。安全需求的满足为人们提供了一个安全稳定的环境，使他们能够更好地追求其他更高层次的需求。

（3）归属与爱的需求。

归属与爱的需求（Belonging and Love Needs），也称"社交需求"，指人们渴望与他人建立良好的感情联系，希望被他人信赖、接纳和认可，希望爱与被爱的需求。

归属与爱的需求的满足有助于人们建立支持系统、获得情感支持和归属感，从而增强生活的满足感和幸福感。如果这一需求不能得到满足，个体将会产生强烈的孤独感、空虚感和疏离感，产生痛苦的情绪体验，不利于建立良好的人际关系。这种需求属于较高层次的需求，在生理需求和安全需求得到满足以后才会产生。

（4）尊重的需求。

尊重的需求（Esteem Needs）指人们对自我价值和尊严的追求，以及对他人的认可和尊重的渴望。

尊重的需求表现为自尊和来自别人的尊重两方面。首先体现在自我尊重上，即个体希望自己有能力、有信心，并且在各个方面都能表现出色，实现自己的理想和成就。其次，尊重需求还包括对他人尊重的渴望。这主要体现在个体希望自己在社会中有一定的地位和声望，能够得到他人的认可、赞赏和尊重。

当尊重需求得到满足时，个体会感到自信、有价值，并且对社会充满热情；而尊重的需求不能得到满足，人将会受到挫折与打击，从而感到失落、无助、自卑和无能。

（5）自我实现的需求。

自我实现的需求（Self-Actualization Needs）是指人们渴望实现自己的理想、抱负，充分发挥自己的能力和才华，成为自己期望中的人物的需求。

自我实现的需求是马斯洛需求层次理论中的最高层次需求，这种需求超越了生理、安全、社交和尊重等基本需求，是个体对自我价值和生命意义的深度追求。

只有完成与自身能力相匹配的一切事，才能体会到最大的快乐，得到极大的满足。马斯洛提出，为满足自我实现需求所采取的途径和方式是因人而异、截然不同的，有人想成为一名优秀的运动员，有人想成为伟大的母亲，有人想在绘画上得到突破，这些需求也是个体之间需求差异最大的。

请运用马斯洛需求层次理论来分析乘客的需求，并完成【课堂练习5.1】。

【拓展阅读5.2】

马斯洛七层次需求理论

马斯洛提出的需求层次理论最开始分为了五层次，也是现今流传最广的版本，但后来马斯洛对此理念进一步完善，将其扩展为七层次的需求层次理论，该理论更全面地描述了人类需求的层次结构。

该理论将需求从低到高划分为七个层次：生理需求、安全需求、归属与爱的需求、尊重需求、求知需求、审美需求以及自我实现需求（见图5.5）。新的版本增加了求知需求与审美需求两种需求，其含义分别如下。

（1）求知需求：这是对于知识、理解、探索和创新的需求。人们渴望理解自己和周围的世界，追求知识和真理。

（2）审美需求：这一层次的需求涉及对美的追求和欣赏，包括平衡、形式、艺术等方面。人们渴望在生活和环境中体验到美感。

同时，马斯洛还将这几种需求分为了两类：低级需求与高级需求。

低级需求，也被称为"缺失性需求"（Deficit or Deficiency Needs），主要包括生理需求、安全需求、归属与爱的需求以及尊重需求。这些需求是人类生存和发展所必需的，它们直接关系到个体的生存和心理健康。当这些需求得不到满足时，人们会感到焦虑、不安甚至绝望，从而影响到

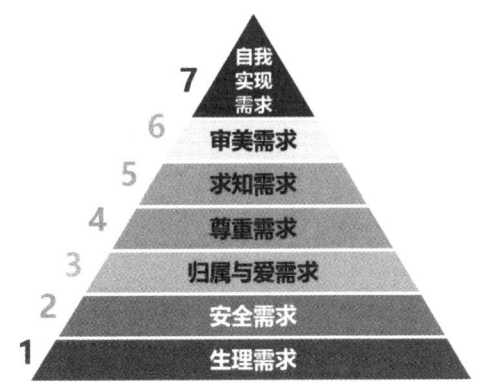

图5.5 马斯洛七层次需求理论

他们的行为和心理状态。

高级需要，也叫作生长需要（Growth Needs），它们不是维持个体生存所绝对必需的，但是满足这种需要使人健康、长寿、精力旺盛，对于个体的心理健康和成长至关重要。这些需求包括认知需求、审美需求以及自我实现需求。

第二节 乘客的需求满足

乘客需求种类繁多，这些需求涵盖了从基本的出行需求到更高层次的服务体验需求。以下是一些主要的乘客需求。

一、出行安全的需求

出行安全的需求（Travel Safety Needs）指乘客希望在整个交通过程中能够保持安全，不受任何伤害的需求。

出行安全是乘客最基本的需求，也是轨道交通运营企业最为重视的方面，具体体现在如下方面。

（1）乘客希望列车能够稳定、安全地运行，不出现急刹车、突然停车等危险情况。他们期望列车设备维护良好，确保行车过程中没有技术故障。

（2）乘客需要一个安全有序的候车环境。这包括明确的标识指示乘客站在安全线内，防止跌入轨道，以及有足够的空间供乘客上下车，避免拥挤和推搡；车站有充足的安保人员巡逻，以确保乘客的人身安全。

（3）乘客希望在地铁站和列车上配备完善的紧急救援设备和措施。这包括紧急制动系统、灭火器材、急救箱以及紧急疏散通道等，以应对可能发生的紧急情况。当出现意外事故时，能及时告知他们有关安全事项、紧急情况下的应对措施以及列车时刻等信息。

为了满足乘客对出行安全的需求，轨道交通运营方需要采取一系列措施，包括定期维护和检查列车和设施、加强安全宣传和教育、提供充足的安保力量、建立有效的应急预案等。通过这些措施，可以最大限度地确保乘客在地铁出行过程中的安全。

【拓展阅读 5.3】

郑州地铁 5 号线 "7.20 事件"

2021 年 7 月 20 日，郑州持续遭遇极端特大暴雨，导致地铁 5 号线五龙口停车场及其周边区域发生严重积水现象（见图 5.6）。

当日 18 时许,积水冲垮出入场线挡水墙进入正线区间,造成一列列车在沙口路站—海滩寺站区间内迫停。

经过全力施救,仍有 12 名乘客不幸遇难。河南省委省政府、郑州市委市政府对此高度重视,立即成立工作专班,全力组织开展搜救排查、抢险排水。之后分别于 7 月 24 日下午 2 时、7 月 25 日上午 6 时 30 分左右,又发现 2 名遇难者。

图 5.6 被淹的郑州地铁站

事件发生后,郑州市立即成立善后处置领导小组,对遇难者进行身份确认,及时通知家属,并做好慰问安抚工作。同时,对事件原因进行了深入调查。调查认定,这是一场由极端暴雨引发严重城市内涝,涝水冲毁五龙口停车场挡水围墙、灌入地铁隧道,有关方面应对处置不力、行车指挥调度失误,违规变更五龙口停车场设计、对挡水围墙建设质量把关不严,造成重大人员伤亡的责任事件。

想一想:此次安全事件引发了哪些安全方面的思考?

(1)_____
(2)_____
(3)_____

二、准时与高效的需求

准时与高效的需求(Punctuality and Efficiency Needs)指乘客希望能按计划到达目的地,减少时间上的浪费,提高出行效率的需求。

准时与高效的需求是乘客日常出行中非常关注的方面,特别是对于通勤者和赶时间的人来说尤为重要。具体体现在如下方面。

(1)乘客期望地铁能够高效地将他们送达目的地,减少在路上的时间消耗,以便有更多的时间用于休息或工作。特别对于日常通勤者来说,地铁是他们往返于家和工作地点的主要交通工具,如果列车经常晚点或提前,乘客可能会因此错过上班时间和重要的会议等。

（2）乘客期望在进出地铁站时能够迅速完成购票、检票等流程，避免在车站内耗费过多时间。现代轨道交通系统通常会采用自动售票机、自动检票闸机等设备，以提高进出站的速度。

（3）乘客希望换乘过程能够顺利、省时。换乘是乘客经常会遇到的情况，也会占用大量的交通时间，如果换乘过程烦琐、耗时，乘客就会觉得地铁服务不够高效。因此，地铁车站的换乘设计对于乘客来说非常重要。

为了满足这些需求，轨道交通运营方需要提供准点的班次和列车运营时间表，确保乘客能够按时到达目的地。同时，延长服务时间，特别是在深夜或早晨以及节假日或特殊活动期间，也能更好地满足乘客的出行需求。

【拓展阅读 5.4】

东京地铁的闸机

地铁闸机的安装使用大大提高了检票进站的效率，也更有序了。可是有一个问题，有时候闸机的反应速度有些慢，刷完卡闸机可能不会立即打开，如果乘客有急事或者人特别多的情况下，很容易造成拥堵。

东京的地铁闸机在设计上注重了一个细节：东京的检票闸机的闸门默认情况下是打开的，只有检测到有人不刷卡强行通过的时候才关闭，因为绝大多数人都会买票或刷卡进站，所以闸机关闭的机会很少，这样可以让人很快地通过检票口。

图 5.7　东京地铁闸机

想一想：除了此类设计外，还有哪些设计可以方便乘客出行？

（1）_____

（2）_____

（3）_____

三、优质服务的需求

优质服务的需求（High-Quality Service Needs）指乘客期望在交通过程中享受到优质、专业、友好服务的需求。

乘客对服务的需求体现在多个方面，这些需求不仅关乎出行的舒适性，也涉及乘客的心理体验和个性化需求，具体体现在如下方面。

（1）乘客对车厢和车站的环境舒适度有一定要求，他们希望车厢内干净、整洁，座椅舒适，空调温度适宜。车站内则应有足够的休息区和卫生设施，以及明确的指示标识，使乘客能够轻松找到所需的信息和设施。

（2）乘客期望工作人员能够提供热情、友好的服务。他们希望工作人员能够耐心解答疑问，提供帮助，并在必要时给予关心和照顾。友好的服务态度能够提升乘客的满意度和信任感。

（3）一些乘客对轨道交通服务提出了个性化的需求。例如，有些乘客可能需要无障碍设施以满足特殊需求；有些乘客可能希望享受定制化的出行建议或优惠活动；还有些乘客可能关注环保和可持续发展，希望轨道交通系统能够采取更加环保的运营方式。

为了满足乘客的这些需求，轨道交通运营方需要保证车厢内的整洁、干净，车站内的标识清晰明了，工作人员能够提供热情、专业、耐心的服务，对于乘客的疑问和需求能够及时回应和协助解决，关注乘客的反馈和建议，积极创新服务模式，为乘客提供更加优质、舒适、个性化的地铁出行服务。

【拓展阅读 5.5】

广州地铁 1 号线率先试点女性车厢

广州地铁宣布将在 2017 年 6 月 28 日起早晚高峰时段在 1 号线试点"女性车厢"。广州地铁称，将以开放的态度悉心聆听来自社会各界和广大乘客的意见和建议，并分阶段开展总结评估，以确定开展下一步的工作。

从 6 月 28 日起，工作日的 7:30—9:30、17:00—19:00 期间（节假日不实施），1 号线往广州东站方向的最后一节车厢和往西朗方向的第一节车厢（两边站台的 2~5 号屏蔽门）设为女性车厢。该时段该车厢供女性乘客使用，而其他时段该车厢则作为普通车厢使用。

图 5.8 广州地铁女性车厢

从试点之日起，广州地铁将会通过站内广播、告示、墙贴、地贴、车厢包装等方式进行宣传，在试点初期，同步增加志愿者在站台进行引导。

广州地铁称，在公共交通工具上针对不同乘客进行强制性的区别对待目前尚无法律依据；其次，设置专用车厢不符合男女结伴、老幼结伴和家庭结伴出行的实际情况。因此，女性车厢是倡导性质的，地铁方面希望通过长期的倡导，弘扬"关爱女性、尊重女性"的文明理念。

——引自新华网

想一想：除开女性车厢外，还有哪些专门针对乘客的服务？

（1）_____

（2）_____

（3）_____

四、实时信息的需求

实时信息的需求（Real-Time Information Needs）指乘客希望能及时获取到列车运行状态、到站时间、事故通知等实时信息，以便能够做出合理出行决策的需求。

乘客对实时信息非常关注，具体体现在如下方面。

（1）乘客希望随时了解列车的实时运行状态，包括列车的当前位置、预计到达时间等。这有助于乘客合理安排自己的出行时间，避免不必要的等待和错过列车。

（2）对于需要换乘的乘客来说，需要获取实时的换乘信息和线路调整信息。这包括了解换乘站点的实时客流情况、换乘通道的畅通程度以及因施工、故障等原因导致的线路调整情况。通过实时信息，乘客可以更加顺利地完成换乘，避免走错线路或遇到不必要的麻烦。

（3）在发生紧急情况或故障时，乘客需要及时获取相关事故与应对信息，以便采取相应的应对措施。这包括了解事故或故障的原因、影响范围以及应对措施等。通过实时通知，乘客可以保持冷静，避免恐慌和混乱。

为了满足以上需求，轨道交通运营方可以在车站内设置电子显示屏或公告栏，实时更新列车时刻、换乘信息、线路调整等内容；通过广播、短信等方式向乘客发布紧急通知和故障信息，确保乘客能够及时了解并作出反应；开发手机应用或官方网站，提供实时查询功能，方便乘客随时了解地铁运行情况，以提供准确、及时的实时信息，保证乘客的出行效率和满意度。

五、文化体验的需求

文化体验的需求（Cultural Experience Needs）指乘客希望在乘坐地铁的过程中，能够感受到城市的历史、文化和艺术氛围的需求。

地铁不仅是交通工具，也是城市文化的一部分，应该说其已经与整座城市融为一体，它也是这座城市历史发展的一部分。这一需求具体体现在如下方面。

（1）乘客渴望在乘车过程中感受到当地的文化氛围。他们希望地铁不仅仅是交通工具，更是展示和传播地域文化的窗口。车厢内的装饰、艺术品展示、音乐播放等都应体现出地域特色，让乘客在乘车过程中感受浓厚的文化氛围。

（2）乘客对轨道交通内的文化活动和展览表现出浓厚兴趣。他们期待在地铁站点或车厢内能够参与各类文化活动，如文化讲座、艺术展览、民俗表演等。这些活动不仅能够丰富乘客的出行体验，还能够增进他们对当地文化的了解和认识。

（3）乘客还希望轨道交通企业能够提供一些与文化相关的服务。例如，提供关于当地历史、文化、风土人情的介绍资料，或者在轨道站点设置文化信息触摸屏，方便乘客随时了解当地的文化信息。这些服务能够让乘客在乘坐地铁的同时，深入了解当地的文化底蕴。

随着全球化的进程加速，越来越多的乘客希望轨道交通能够提供更多元化的文化体验。他们希望能够在交通过程中感受到不同国家和地区的文化特色。

为了满足乘客对于丰富文化体验的需求，轨道交通运营方应在日常运营中重视文化元素的融合与创新。通过将轨道交通的文化体验与城市整体文化形象相结合，为乘客带来独特的体验。此外，运营方可以在车站和车厢内展示艺术作品，或举办各类文化活动，从而为乘客提供多样化的文化享受。

【拓展阅读 5.6】

莫斯科地铁成为旅游名片

莫斯科地铁系统建立时间可追溯至 1931 年，至今已有近百年的历史，不仅为市民提供了便捷的交通方式，还见证了俄罗斯的历史变迁和城市发展。地铁的文化特色十分鲜明，每个车站都有其独特的装饰风格，展示出不同的历史和文化元素，许多车站甚至被视为艺术品。在莫斯科地铁中，乘客可以欣赏到壮丽的壁画、雕塑和马赛克等艺术品，这些艺术品充分展示了俄罗斯历史、文化和艺术的精华，给乘客带来了美的享受。

在莫斯科，不少地铁站以民族特色、名人、政治事件、历史事件、俄国大文豪等命名。其中名气最响的是"马雅可夫斯基"站（见图 5.9）。"马雅可夫斯基"站是为了纪念苏联革命诗人马雅可夫斯基。"马雅可夫斯基"车站风格迥异，充满诗情画意，在地铁入口处立着诗人的头像，目光深邃。大厅两侧的每座大理石拱门都镶着不锈钢。

图 5.9 马雅可夫斯基站

一盏盏照明灯围成圆形,嵌在穹顶。灯光反射在地面中央的红色大理石"通道"上,犹如一条红地毯,仿佛在欢迎每位乘客。这里镶嵌着苏联名画家杰伊涅卡的马赛克壁画,共有31幅。令人叹为观止的设计方案于1938年在纽约国际展上获得大奖,使"马雅可夫斯基"站成为世界级的地铁站。

莫斯科地铁以其丰富的文化特色、艺术品展示、历史背景、交通功能以及对游客的吸引力,成为当地的一张旅游名片。它不仅为市民提供了便捷高效的交通方式,还为游客带来了独特的文化体验,进一步推动了当地旅游业的发展。

想一想:我国轨道交通中有哪些让乘客拥有良好文化体验的例子,并写于下方。

(1)＿＿＿＿＿＿＿＿＿＿＿＿＿＿＿＿＿＿＿＿＿＿＿＿＿＿＿＿＿＿

(2)＿＿＿＿＿＿＿＿＿＿＿＿＿＿＿＿＿＿＿＿＿＿＿＿＿＿＿＿＿＿

(3)＿＿＿＿＿＿＿＿＿＿＿＿＿＿＿＿＿＿＿＿＿＿＿＿＿＿＿＿＿＿

六、节省成本的需求

节省成本的需求(Cost Saving Needs)指乘客希望在交通出行过程中尽量减少交通费用支出的愿望与动机。

这种需求通常源于乘客对出行成本敏感,希望通过各种方式降低出行费用,提高出行的经济性。乘客节省出行成本的需求体现在如下方面。

(1)乘客在规划出行时,会综合考虑时间成本、费用成本和其他因素。节省成本的需求主要体现在乘客希望降低与出行直接相关的费用,如车票、换乘、停车等费用。

(2)乘客期望有多种方式可以降低出行成本。这可能包括使用优惠票、购买套票、利用促销活动等,以便在不影响出行质量的前提下降低费用。

(3)乘客希望通过优化出行方式来节省成本。例如,选择更经济的交通工具、规划更合理的出行路线、避免高峰时段出行等,以减少不必要的费用支出。

为了满足乘客节省成本的需求,轨道交通运营方可以通过提供多样化的票价策略、推广优惠和奖励计划、优化运营效率、提供信息服务、发展智能支付和自助服务等方式,帮助乘客降低出行成本,提高出行的经济性。

【拓展阅读5.7】

重庆轨道交通票价优惠政策

一、持宜居畅通普通卡、开通电子钱包功能的成人优惠卡,乘车可享受单程票价9折优惠。

二、持开通电子钱包功能的学生卡乘车可享受单程票价5折优惠。

三、年满70周岁的老人、残疾军人、因公致残的人民警察、盲人和其他一级二级残疾人凭有效证件可办理免费卡，凭卡免费乘车；三级四级残疾人凭残疾人证办理爱心优惠卡半价乘车；残疾人携带随身必备的辅助器具应予免费。具体政策参照重庆城市通卡有限责任公司相关规定执行。

四、1名成年购票乘客可以免费带领1名身高1.2米以下（含1.2米）的儿童乘车，超过1名的，应按超过人数购票。

五、换乘免费：主城区开始实施"公共交通一小时免费优惠换乘"政策。公交车从第一次刷卡开始计时，轨道交通工具从出站闸机刷卡开始计时。一小时之内换乘时，换乘票价低于首次刷卡乘车票价且不高于两元的，实行免费换乘；换乘票价高于首次乘车票价或换乘票价高于两元的，实行优惠换乘，最高可享受两元优惠。

——引自重庆轨道交通

图 5.10　重庆轨道宜居畅通卡

想一想：除以上票价优惠外，你还知道哪些优惠政策？
（1）＿＿＿＿＿＿＿＿＿＿＿＿＿＿＿＿＿＿＿＿＿＿＿＿＿＿＿＿＿＿＿＿＿＿
（2）＿＿＿＿＿＿＿＿＿＿＿＿＿＿＿＿＿＿＿＿＿＿＿＿＿＿＿＿＿＿＿＿＿＿
（3）＿＿＿＿＿＿＿＿＿＿＿＿＿＿＿＿＿＿＿＿＿＿＿＿＿＿＿＿＿＿＿＿＿＿

除了本书中提到的乘客需求以外，大家还能想到哪些乘客需求呢？

【课堂练习5.1】

乘客需求的分析

马斯洛把人的需求分为五个层次，请运用马斯洛需求层次理论，对乘客的需求进行分析，并想一想其体现在哪些方面，又应该采用什么措施来满足其需求。

以小组为单位进行讨论，并将讨论结果写于表5.1中。

表 5.1 乘客需求分析表

序号	需求类别	乘客的需求体现	满足乘客需求的措施
1	生理需求		
2	安全需求		
3	归属与爱的需求		
4	尊重的需求		
5	自我实现的需求		

第六章　乘客个性与服务

【知识目标】

◇ 掌握个性的概念及个性的构成
◇ 掌握气质和性格的概念
◇ 了解气质的分类
◇ 了解气质测试的方法

【能力目标】

◇ 能够对自我个性进行分析
◇ 能对乘客个性进行分析
◇ 能够对不同个性的乘客进行相应的服务

【关键概念】

◇ 个性、个性差异、气质、乘客个性

【知识框架】

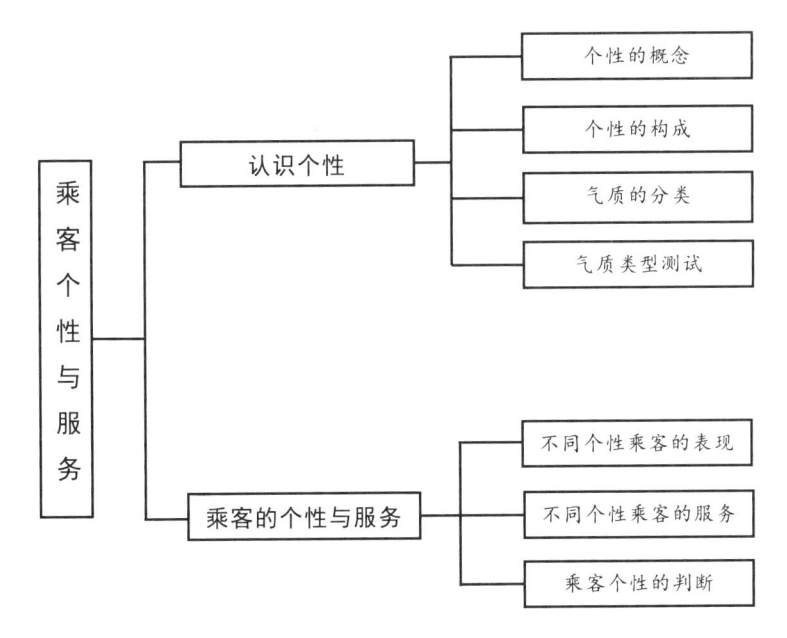

图 6.1　第六章知识框架图

第一节 认识个性

一、个性的概念

个性一词最初来源于拉丁语"Personal",原指演员所戴的"面具",代表剧中人的身份。后来,这个词逐渐引申为人物、角色及其内心的特征或心理面貌,用来描述一个具有特殊性格的人。

我国《心理学大词典》对个性的定义如下:

个性(Personality)也称"人格",指一个人的整个精神面貌,即具有一定倾向性的心理特征的总和。

个性表现于外就是个人的言语方式、行为方式和情感方式等,任何人都是有个性的,也只能是一种个性化的存在,个性化是人的存在方式。

个性对人的影响是深远且多方面的,个性不仅塑造了我们的行为方式、思考模式,还决定了我们如何与他人互动。例如,开朗、友善的个性更容易吸引朋友和伙伴,而内向、谨慎的人则可能更注重与少数亲密的人建立深入关系。同时,个性也影响我们的沟通风格和冲突处理方式,进而影响人际关系的和谐与稳定。

【课堂讨论 6.1】

个性的形成

个性的形成是一个复杂且多方面的过程,它受到遗传、环境、社会交往以及个体的自我意识和经验等方面的影响。其中,先天遗传因素与后天环境因素对个性的形成影响非常大。

想一想,我们个性的形成在哪些方面受到了先天遗传因素的影响?又在哪些方面受到了后天环境因素的影响?

以小组为单位进行讨论,并将讨论结果写于表 6.1 中。

表 6.1 个性形成分析表

影响因素	影响哪些个性的形成	具体表现
先天遗传		
后天环境		

二、个性的构成

从构成方式上讲，个性其实是一个系统，其由三个部分组成，如图6.2所示。

个性 ┬ 个性倾向性：需要、动机、兴趣、信念等
　　 ├ 个性心理特征：能力、气质、性格等
　　 └ 自我意识：自我认知、自我体验、自我调节等

图6.2 个性构成

1. 个体倾向性

个性倾向性（Personality Tendency）是推动人进行活动的动力系统，是个体在心理活动中表现出的独特而稳定的倾向和趋势。

个性倾向性决定着人对周围世界认识和态度的选择和趋向，决定人追求什么。包括了需要、动机、兴趣、爱好、态度、理想、信仰和价值观等心理成分，这些心理成分共同反映了个体对于自身和周围环境的看法和态度，决定了个体在面临不同情境时的反应和行为模式。例如，个体的需要和动机是推动其行动的内部动力，兴趣和爱好则影响着个体在特定领域内的投入和专注程度，而态度和价值观则决定了个体对于事物的评价和选择。

2. 个性心理特征

个性心理特征（Personality Characteristics）是一个人身上经常表现出来的本质的、稳定的心理特点，主要包括能力、气质和性格。

（1）能力。

能力（Ability）是人在生理、心理发育成熟后，从事某种活动所表现出来的潜在可能性上的特征，包括智力、才能、技艺等多个方面。

（2）气质。

气质（Temperament）是个体在心理活动的强度、速度、灵活性与指向性等方面的一种稳定的心理特征。

（3）性格。

性格（Character）是一个人对现实的稳定的态度，以及与这种态度相应的、习惯化了的行为方式中表现出来的人格特征。

（4）气质与性格的区别。

气质与性格都是个体的心理特征，两者相互关联，又有所区别。

气质更多地受个体高级神经活动类型的制约，主要是先天形成的，无好坏之分。它主要受先天因素的影响，但也受到环境、教育等后天因素的调节。而性格则更多受社会生活条件的影响，是后天在社会环境中逐渐形成的。性格具有好坏之分，在

社会评价上有明显的差异。性格的可塑性较大，环境对性格的塑造作用较为明显。

【拓展阅读 6.1】

性格可以改变吗？

俗话说，江山易改，本性难移。性格是自身的天赋的基因加上后天成长经历所形成的稳定人格特征，是一个人很难跳出的舒适圈，那么性格可以改变吗？

虽然很难，但答案却是肯定的。

从童年到老年的全过程中，人的性格也绝对不是一成不变的。一个非常普遍的例子是，大多数人会在青春期经历自尊下降，而在青春期之后，他们的自尊水平趋向于升高。

在一份新的工作中，一个人可能因为守时和努力完成任务而受到嘉奖。这种奖励能促使他产生改变。同时，在一段新的人际关系或家庭角色中，一些变化也可能影响性格特征。随着时间的推移，人们似乎也会变得更成熟，或者更适应社会，这在研究中得到了体现。

在 2000 年美国《心理学通报》月刊上发表的一项研究中，研究人员分析了 152 项有关性格的纵向研究的结果，发现个人的性格特质在生命的每个十年中倾向于保持一致，但这些十年会产生累积效应。罗伯茨认为，在这么多年里，我们的性格依然会不断改变，但速度很慢。他还说："这是十分微妙的变化。"在 5 至 10 年的这个尺度上，你可能不会注意到这种变化；然而，经过很长一段时间后，这些变化就会变得明显。

研究还表明，随着时间的推移，人们的性格倾向于变得更好。心理学家将这种现象称为"成熟原则"。随着年龄的增长，人们往往变得更加外向，情绪更加稳定，更易于相处，并且更有责任心。从长期来看，这些变化通常会非常明显。

想一想：你能感受到自己的性格的变化吗？如果有的话，将自己近年来的性格变化写下来吧。

（1）_____

（2）_____

（3）_____

3. 自我意识

自我意识（Self-Consciousness）是个体对自己存在、身份、思想和情感的认知和体验，包括了自我认知、自我体验以及自我调节等方面。

（1）自我认知。

自我认知（Self-cognition）是个体对自己的了解和认知，涵盖了对自身身体、外表、性格、智力、情绪等方面的认识，以及对自我外表、能力、行为等方面社会价值的评估。它是自我意识的认知成分，也是首要成分。

（2）自我体验。

自我体验（Self-Experience）属于情绪范畴，是个体在自我认知基础上产生的情感体验，以自尊、自爱、自信、自卑、自怜、自弃、自傲、责任感、义务感、优越感等表现出来。它是个体对自己的态度，主要是一种自我的感受，以情绪体验的形式表现出人对自己的态度。

（3）自我调节。

自我调节（Self-Regulation）是自我意识的意志成分，涉及个体如何基于自我认知和自我体验来调整和控制自己的行为和态度。它使个体能够根据自我认知的结果和情感体验，来有意识地调节自己的行为，实现自我控制和自我管理。

三、气质的分类

1. 古代气质体液说

"体液说"（Humoral Theory）是源于古希腊医学的人体构成和气质类型的理论，由著名医生和学者希波克拉底（约公元前460—前377年）提出。

体液说认为，人体内有四种不同的液体，即血液、黏液、黄胆汁和黑胆汁。这四种体液在人体内保持一定的平衡，从而维持人的健康和生理活动。进一步地，希波克拉底将体液与人的气质联系起来，认为不同体液在人体内的混合比例决定了人的气质类型（见图6.3），具体如下：

图6.3 希波克拉底的体液说

（1）多血质：血液占主导的人属于多血质。

（2）黏液质：黏液占主导的人属于黏液质。

（3）胆汁质：黄胆汁占主导的人属于胆汁质。

（4）抑郁质：黑胆汁占主导的人属于抑郁质。

气质体液说是一种古老的理论，虽然在历史上有其重要地位，但在现代科学中已经被更先进的理论所取代。现代科学对气质的理解更加复杂和多元化，涉及遗传、环境、个人经历等多个方面的因素。

2. 现代气质分类

进入现代之后，俄国著名的生理学家、心理学家巴甫洛夫（Ivan Petrovich Pavlov，

1849—1936年）基于其高级神经活动类型学说，对气质的分类进行了新的解释。

高级神经活动（Higher Nervous Activity）是指大脑皮层的功能活动，是人类和其他高级动物神经系统中最为复杂和高级的部分。

巴甫洛夫认为高级神经活动的基本过程是兴奋和抑制，它们具有强度、平衡性和灵活性三个基本特性。

（1）神经过程的强度：指神经细胞能接受的刺激的强弱程度，以及神经细胞持久工作的能力。

（2）神经过程的平衡性：指兴奋和抑制两种过程的力量是否平衡。

（3）神经过程的灵活性：指兴奋和抑制两种过程相互转化的难易程度，有灵活和不灵活之分。

基于高级神经活动的这些特性，他划分了四种高级神经活动类型，并与希波克拉底的气质类型进行了对应，具体如表6.1所示。

表6.1 现代气质分类

气质类型	高级神经活动类型	神经过程的特性	倾向性
多血质	活泼型	强、平衡、灵活	外倾
黏液质	安静型	强、平衡、不灵活	内倾
胆汁质	兴奋型	强、不平衡	外倾
抑郁质	抑制型	弱	内倾

3. 不同气质的特征

巴甫洛夫的高级神经活动理论将气质分为了以下四种类型。

（1）多血质。

多血质属于神经活动强而平衡、灵活的活泼型。一般来说，多血质的人容易适应环境，具有较强的适应能力和变通性。他们热情、活泼好动，善于交际，适应能力强。他们思维敏捷，容易接受新鲜事物，但情绪容易产生也容易变化和消失，可能显得不够稳定。

代表人物：韦小宝、孙悟空、王熙凤。

适合职业：导游、销售员、节目主持人、演讲者、外事接待人员、演员、市场调查员、监督员等。

（2）黏液质。

黏液质属于神经活动强而平衡、不灵活的安静型。一般来说，黏液质的人通常表现出较高的自我控制能力和稳定性。他们为人稳重，考虑问题全面，安静、沉默，善于克制自己，并善于忍耐。他们往往在工作中表现出坚持和稳健的特点，但可能缺乏灵活性和创新性。

代表人物：林冲、薛宝钗。

适合职业：外科医生、法官、管理人员、出纳员、会计、教师、人力资源部门主管等。

（3）胆汁质。

胆汁质属于神经活动强而不平衡的兴奋型。一般来说，胆汁质的人通常表现出较高的活力和决断力，但也可能因冲动而做出错误的决策。他们情绪兴奋性高，性情直率，精力旺盛，对事业充满热情。然而，当他们的精力耗尽时，情绪可能一落千丈。他们通常反应迅速，但可能缺乏深思熟虑。

代表人物：张飞、李逵。

适合职业：销售经理、运动员、冒险家、演员等。

（4）抑郁质。

抑郁质属于神经活动较弱的抑制型。一般来说，抑郁质的人可能表现出内向、孤僻、行动迟缓，情感体验深刻且持久等特点。他们通常孤独、反应迟缓、多愁善感。他们的情绪体验深刻且持久，具有高度的敏感性和深刻的思考力，但有时过于敏感，容易受到外界的影响。

代表人物：林黛玉。

适合职业：文员、保管员、艺术工作者、哲学家、科学家等。

需要注意的是，这些气质类型并非绝对，每个人的气质可能是一种或多种类型的混合。同时，气质也并非一成不变，它可能受到环境、教育和生活经历等多种因素的影响而发生变化。了解并接受自己的气质类型有助于我们更好地认识自己，发挥个人优势，改善不足。

【拓展阅读6.2】

混合气质

尽管人们常常将气质划分为几种类型，如胆汁质、多血质、黏液质和抑郁质等，但在现实生活中，很少有人完全符合某一种气质类型的定义。

实际上，大部分人的气质特征往往是多种类型的混合体。他们可能在不同情境下表现出不同的气质特点，或者在同一情境下同时展现出多种气质特征。这种混合气质的存在使得人们的行为和情绪反应更加多样化和复杂。

混合气质的出现可能受到多种因素的影响，包括遗传、环境、教育和生活经历等。每个人的成长背景和生活经历都是独特的，这些因素共同塑造了他们的气质特征。因此，即使两个人可能都属于同一种气质类型，他们的具体表现也可能存在很大的差异。

了解和接受自己的混合气质有助于更好地认识自己，并发挥自身的优势。通过了解自己的气质特点，我们可以更好地理解自己的行为和情绪反应，以及与他人相处的方式。同时，我们也可以学会在不同的情境下调整自己的气质表现，以适应不同的需求和挑战。

想一想：你觉得自己的气质中混合了哪些成分特点呢？

（1）_____

（2）_____

（3）_____

四、气质类型测试

1. 气质类型测试

气质类型测试（Temperament Type Test）是一种用来评估个人所属的气质类型的心理测试。

气质类型测试不仅有助于个体更好地了解自己，还能帮助他们更有效地处理人际关系和工作问题。测试的结果为个体提供了有关自身性格特点的反馈，使他们能够根据自己的气质类型调整行为策略，以更好地适应不同的环境和情境。

常见的气质类型测试方法有观察法、条件反射法、心理实验法、心理量表法等。其中心理量表法中的自陈量表法尤为常用，例如《斯特里劳气质调查表（STI）》《艾森克人格问卷(EPQ)》《瑟斯顿气质量表》《陈会昌气质量表》等。

2. 陈会昌气质量表

《陈会昌气质量表》又称"陈会昌六十气质量表"，是由山西省教育科学研究院的陈会昌教授等编制的一种心理测试工具。这个量表主要用于测定个体的气质类型，共包含 60 道题目，每种气质类型对应 15 道题目。

本书采用《陈会昌气质量表》进行课堂测试，具体见【课堂练习 6.1】。请通过量表相关介绍施测，并完成测评结果的分析。

需要注意的是，气质本身无优劣之分，任何一种气质都有其积极和消极的一面，气质也不能决定一个人活动的社会价值和成就的高低。气质类型测试只是了解个体气质特点的一种方式，其结果并不是绝对的，而是提供了一个参考框架。

第二节　乘客的个性与服务

一、不同个性乘客的表现

每个乘客都有其独特的个性。在轨道交通这个公共空间内，我们可以观察到多样化的人性和行为模式。一些乘客倾向于在地铁上保持安静；另一些则喜欢与旁人交流。还有一部分乘客对周围的人流动态保持高度警觉，而有的人则对周围的人群显得漠不关心。这些不同的行为和态度共同塑造了一个多姿多彩的乘客群体。

1. 多血质乘客的表现

多血质的乘客表现多样且充满活力，他们善于与他人交流，对周围环境保持敏感和好奇，同时也可能出现疏忽和遗忘情况。

具体表现如下：

（1）多血质的乘客通常表现出活泼好动、反应迅速的特点。在交通过程中，他们可能会频繁地移动或改变姿势，不容易长时间保持静止。他们的目光可能经常四处扫视，对周围环境保持高度敏感和好奇。

图6.4 不同个性的乘客

（2）多血质的乘客往往对人热情大方，喜欢与人交往和聊天。他们可能会主动与身边的人搭话，询问关于地铁线路、站点或其他话题的问题，打听各种新闻，并乐于分享自己的见解和经历。

（3）多血质的乘客有时可能表现出变化无常、粗枝大叶的特点，他们在乘坐过程中可能会出现一些疏忽或遗忘的情况，比如忘记携带某些物品或错过站点等。

2. 黏液质乘客的表现

黏液质的乘客安静、稳定、克制力强，他们遵守规则和秩序，但可能对新环境或新事物的接受程度较低。

具体表现如下：

（1）黏液质的乘客通常表现出安静、稳定、克制力强的特点。他们往往沉默寡言，对外界刺激反应比较慢，不容易适应新环境。在乘坐过程中，他们可能更倾向于独自静坐，不太主动与人交谈，即使面对周围的嘈杂和变化，也能保持冷静和镇定。

（2）黏液质的乘客做事稳重，自制力强，所以在乘坐过程时，他们可能会非常遵守规则和秩序，不会轻易被外界因素所干扰。面对突发情况或变化，他们也能保持冷静，不轻易慌乱。

（3）黏液质的乘客可能由于过于安静和稳定，有时显得不够灵活。他们对于新环境或新事物的接受程度可能相对较低。

3. 胆汁质乘客的表现

胆汁质的乘客感情外露，为人直率，同时也较为冲动和急躁，不够细心，可能会忽略一些细节。

具体表现如下：

（1）胆汁质的乘客对人热情，感情外露，为人直率，他们对于自己的判断较为自信，有什么想法会直接表现出来，让别人知道他的想法。

（2）胆汁质乘客通常性格急躁、快人快语。他们往往喜欢与人争论，情绪容易激动，对服务的评价也容易走极端。在乘坐地铁的过程中，他们可能会因为一些小事情而不满或生气，甚至可能与其他乘客或工作人员发生争执。

（3）胆汁质乘客往往行动力强，但可能不够细心，容易在出行过程中丢失物品。他们可能会因为急躁而忽略一些重要的细节，如忘记携带必要的物品或错过站点等。

4. 抑郁质乘客的表现

抑郁质乘客可能较为内向、沉默和敏感，不喜欢在公共场合与人交往和聊天，容易感到不安或焦虑。

具体表现如下：

（1）他们通常较为内向和沉默，对外界刺激反应比较慢，不太愿意主动与人交谈或交流。在车厢中，他们可能会选择独自静坐，尽量避免与他人发生目光接触或互动，给人一种沉静的感觉。

（2）他们通常比较敏感，对于交通过程中的变化或突发情况可能表现出较高的敏感性，容易受到突发情况和变化的影响而感到不安或焦虑。

（3）他们情感体验深刻，自尊心强，可能对他人的言语或行为过度解读或产生误解，从而引发不必要的困扰或冲突。

二、不同个性乘客的服务

1. 多血质乘客的服务

为多血质乘客服务时，应主动与他们交流、提供多样化和新鲜的信息、注意回应迅速、尊重个人空间与选择，并提供个性化的服务。

注意事项如下：

（1）主动交流与互动。多血质乘客通常活泼好动，喜欢与人交往和聊天。服务人员应主动与他们进行交流，询问他们的

图 6.5　乘客服务

需求，提供相关的旅行信息或建议。这种互动不仅可以满足他们的社交需求，还能提升他们的乘车体验。

（2）提供多样化和及时的信息。一般来说，多血质的人兴趣易变，喜欢尝新，

服务人员可以定期更新地铁线路信息、站点特色、周边景点等内容，以满足他们对新鲜事物的追求。同时，可以推荐一些新推出的服务或活动，增加他们的乘车乐趣。

（3）回应迅速。多血质乘客往往反应迅速，因此，在为他们服务时，服务人员也应保持高效和灵活，对他们的需求或问题给予及时回应。这有助于提升他们的满意度，并维持良好的互动关系。

（4）尊重个人空间与选择。尽管多血质的人喜欢与人交往，但他们也尊重自己的个人空间和选择。服务人员在与他们交流时，应注意保持适当的距离，避免过度打扰或干涉他们的个人事务。

（5）提供个性化服务。对于多血质乘客，客运服务人员可以根据他们的需求和偏好提供个性化的服务，如推荐适合他们的旅行路线、提供定制化的信息推送等。这种个性化的服务能够让他们感受到更多的关注和尊重，提升他们的乘车体验。

2. 黏液质乘客的服务

为黏液质乘客提供服务时，应尊重他们的个性特点，提供稳定可靠的服务，并使用清晰明了的指示。同时，关注他们的安全和舒适需求，并在必要时提供必要的帮助与支持。

注意事项如下：

（1）尊重与理解。黏液质乘客通常表现得安静、稳定，并且喜欢清静。在服务过程中，工作人员应尊重他们的个性特点，不要过度打扰或干涉他们的个人空间。同时，理解他们可能对新环境或变化适应较慢的特点，给予他们足够的时间来适应和了解地铁服务。

（2）提供稳定可靠的服务。黏液质乘客倾向于稳重和谨慎，他们更看重服务的稳定性和可靠性。因此，地铁工作人员应确保提供准确、及时的信息，并避免频繁更改服务规则或流程，以免给他们造成不必要的困扰。

（3）清晰明了的指示。在为他们提供服务时，工作人员应注意言辞清晰、简明扼要，避免使用复杂或模糊的表达方式。这样可以确保他们能够准确理解并快速作出反应，从而更好地享受轨道交通带来的便利。

（4）关注安全与舒适。黏液质乘客可能更注重安全和舒适感。因此，客运服务人员应关注他们的安全需求，确保车厢内的安全设施完善，并提醒他们注意个人物品的安全。同时，关注车厢内的温度、湿度等环境因素，为他们提供舒适的乘车环境。

（5）提供必要的帮助与支持。黏液质乘客通常能够自行处理事务。然而，当他们遇到困难或需要帮助时，客运服务人员应主动提供必要的帮助和支持。这些支持可能包括解答他们的疑问、协助他们解决问题或提供其他必要的帮助。

3. 胆汁质乘客的服务

为胆汁质乘客提供服务时，客运服务人员应保持耐心与冷静，言辞谦和，留意乘客的情绪变化，并主动提供帮助与引导。此外，对于乘客的服务需求，服务人员应快速响应。

注意事项如下：

（1）保持耐心与冷静。胆汁质乘客往往性格急躁，容易激动。因此，客运服务人员需要保持耐心，冷静应对他们的各种需求和问题，避免与他们发生争执或冲突。

（2）言辞谦和，避免激化情绪。在与胆汁质乘客交流时，客运服务人员要使用温和、礼貌的语言，不要使用刺激性或挑衅性的言辞，以免激化他们的情绪。

（3）主动提供帮助与引导。胆汁质乘客可能因急躁而忽略一些重要信息或细节，客运服务人员应主动提供必要的帮助和引导，如提醒他们注意乘车安全、携带好个人物品等。

（4）快速响应。对于胆汁质乘客提出的需求或问题，客运服务人员应尽快给予回应和解决，避免拖延或忽视，以减少他们的不满和焦虑。

（5）留意乘客的情绪变化。客运服务人员应时刻留意胆汁质乘客的情绪变化，一旦发现他们情绪不稳或激动，应及时采取措施进行安抚和疏导，如提供安静的休息环境、倾听他们的诉求等。

4. 抑郁质乘客的服务

为抑郁质乘客提供服务时，应保持尊重与耐心，为其提供安静、舒适的环境，细心观察，主动关心，注重其隐私保护，避免过度刺激。

注意事项如下：

（1）保持尊重与耐心。抑郁质的乘客往往较为敏感且内向。面对这类乘客，客运服务人员应表现出尊重，避免使用直接或尖锐的语言。这些乘客在适应新环境和做出决策时可能需要更多时间。因此，服务人员需保持耐心，避免催促或施加压力。

（2）提供安静、舒适的环境。抑郁质乘客可能更容易受到外界环境的影响，客运服务人员应确保地铁车厢内安静、整洁，并尽量减少不必要的噪音和干扰。例如，降低广播音量、避免过度拥挤等，以营造一个舒适的乘车环境。

（3）细心观察，主动关心。服务人员应细心观察抑郁质乘客的情绪和行为变化，如果发现他们表现出不安、焦虑或困扰的迹象，可以主动询问并提供帮助。例如，询问是否需要帮助寻找座位、是否需要提供交通信息等。

（4）避免过度刺激。抑郁质乘客可能更容易受到外界刺激的干扰，服务人员应避免使用过于刺眼或刺耳的灯光、声音等，以减少对他们的不良影响。

（5）注重隐私保护。抑郁质乘客通常比较注重个人隐私，服务人员在提供服务时，应注意保护他们的隐私，避免过度询问或泄露他们的个人信息。

三、乘客个性的判断

个性的判断方式多种多样，应该说乘客的言谈举止、眼神交流、姿态动作、说话内容以及穿着打扮都体现了自己的个性，以下是一些个性判断的方法。

1. 从说话的方式判断乘客个性

说话方式能够在很大程度上体现人的个性，每个人的语言风格、用词、语速、音调以及表达习惯等都是其独特个性的外在表现。

具体可以通过以下方面判断乘客的个性特点。

（1）语速与节奏感。

语速快的人可能性格较为急躁、直接，喜欢迅速表达自己的想法，不耐烦于冗长的对话或解释；语速适中且节奏感强的人通常比较稳重，做事有条理，善于控制自己的情绪和表达；语速缓慢的人可能性格沉稳、内敛，常常深思熟虑，先思考再表达。

（2）音量与音调。

音量大、音调高的人可能性格较为外向、活跃，喜欢吸引他人的注意力；音量适中、音调平稳的人通常比较平和、冷静，不容易被情绪左右；音调低沉、音量小的人可能性格更为内向、害羞，不太善于在公共场合表达自己。

（3）措辞与表达方式。

使用专业术语和复杂句式的人可能具有较高的文化素养和专业知识，注重逻辑性和准确性；措辞简单直接的人可能性格直率、坦诚，不太擅长拐弯抹角；喜欢使用幽默和俏皮话的人可能性格乐观开朗，擅长调节气氛。

（4）倾听与回应。

善于倾听他人意见并给予积极回应的人通常具有较好的沟通能力和同理心，注重人际交往的和谐；不太愿意倾听或经常打断他人发言的人可能喜欢以自我为中心、固执己见。

2. 从走路方式判断乘客个性

走路方式可以体现一个人的个性特征，每个人的步态、步速、身体姿态以及走路时的习惯动作等也是其独特个性的外在表现。

具体可以通过以下方面判断乘客的个性特点。

（1）步速与节奏。

步速较快的人可能性格比较急躁、活跃，喜欢追求效率和速度；步速适中且节奏稳定的人通常比较稳重、平和，不易受外界干扰；步速缓慢的人通常谨慎稳重、耐心细致、情绪稳定，喜欢慢节奏的生活。

（2）身体姿态。

昂首挺胸、身体直立的人通常自信满满，有着较强的自我意识和主见；低头驼背、身体前倾的人可能较为自卑或缺乏自信，容易感到压力；身体摇摆不定或动作较为随意的人可能性格较为随和、不拘小节。

（3）步伐与稳定性。

步伐稳定、步伐间距离均匀的人通常比较踏实、可靠，注重实际；步伐不稳、时常改变方向的人可能性格较为多变、难以捉摸，或者思维比较灵活。

（4）行走路径与习惯。

喜欢沿着直线行走、不轻易改变路线的人可能性格较为固执、坚持原则；行走时喜欢绕路、变换方向的人一般好奇心、适应性强，喜欢探索新事物，但情绪容易波动。

3. 从着装判断乘客个性

着装可以体现一个人的个性特征，每个人在选择衣物、搭配服饰时，都会受到自身性格、喜好、文化背景以及社会角色等多种因素的影响，从而展现出独特的着装风格。

具体可以通过以下方面判断乘客的个性特点。

（1）色彩选择。

喜欢明亮、鲜艳色彩的人可能性格较为开朗、乐观，善于吸引他人的注意；偏爱暗淡、柔和色彩的人可能性格较为内向、低调，注重内心的平和与舒适；热衷于黑白灰等中性色彩的人可能性格较为理性、冷静，注重实用和效率。

（2）款式与风格。

偏好经典、传统款式的人可能性格较为稳重，倾向于遵循既定的规则和传统，不太愿意冒险或尝试新事物；热衷时尚、潮流款式的人可能性格较为开放、前卫，喜欢追求新鲜感和变化；偏好舒适、休闲款式的人可能性格较为随和、自在，不喜欢受到束缚和限制。

（3）品牌与标识。

偏爱知名品牌和明显标识的人通常追求品质与可靠性、注重形象与身份象征、缺乏冒险精神、易受广告影响、缺乏独立判断力以及追求安全感与归属感。相反，不太在意品牌或偏好小众品牌的人，可能更独立、自由，不太受外界评价的影响。

（4）整洁度与细节。

穿着整洁、讲究细节的人通常自律性强，做事有条理，追求品质，善于观察以及具有责任感。这些性格特点使他们在生活中更加成功和受人欢迎；穿着随意、不太在意细节的人可能性格较为随和、不拘小节，更注重舒适和自由。

（5）配饰的选择。

善于运用配饰来提升整体造型的人通常注重细节、有创造力、自信、善于表达自我、追求变化以及细心体贴；较少使用配饰或选择简约配饰的人通常具有追求极简生活、避免麻烦行为、为人处世低调、自信独立、务实高效、朴实无华以及注重实用等特点。这些性格特征使他们在生活和工作中表现出独特的风格和态度。

需要注意的是，说话、走路的方式以及着装仅能反映乘客个性的某些方面。个性受到个人经历、文化背景、情绪状态等多种因素的影响。因此，在评估一个人的个性时，应综合考虑多方面的观察和交流情况。同时，我们必须尊重每个人的个性差异，避免因乘客个性不同而形成偏见或误解。

【课堂讨论 6.2】

个性的判断

对乘客个性的判断可以通过诸多细节来进行，除了通过上面提到的说话方式、走路方式、着装进行判断外，还可以通过哪些细节来判断？请举例说明。

以小组为单位进行讨论，并将讨论结果写于下方。

（1）_____
（2）_____
（3）_____

【课堂练习 6.1】

气质类型测试

施测时间建议：45分钟。

下面60道题可以帮助你大致确定自己的气质类型，请根据自己的情况在"很符合、比较符合、介于符合与不符合之间、比较不符合、完全不符合"五个答案中选择一个适合自己的。很符合2分，比较符合1分，介于符合与不符合之间0分，比较不符合-1分，完全不符合-2分（见表6.2）。

表6.2 气质类型测试量表

测试题目	计分
1.做事力求稳妥，一般不做无把握的事	
2.遇到可气的事就怒不可遏，想把心里话全说出来才痛快	
3.宁可一个人干事，不愿很多人在一起	
4.到一个新环境很快就能适应	

续表

测试题目	计分
5.厌恶那些强烈的刺激,如尖叫、噪音、危险镜头	
6.和人争吵时总是先发制人,喜欢挑衅	
7.喜欢安静的环境	
8.善于和人交往	
9.羡慕那种善于克制自己感情的人	
10.生活有规律,很少违反作息制度	
11.在多数情况下情绪是乐观的	
12.碰到陌生人觉得很拘束	
13.遇到令人气愤的事,能很好地克制自我	
14.做事总是有旺盛的精力	
15.遇到问题总是举棋不定,优柔寡断	
16.在人群中从不觉得过分拘束	
17.情绪高昂时,觉得干什么都有趣;情绪低落时,又觉得什么都没意思	
18.当注意力集中于某一事物时,别的事很难使我分心	
19.理解问题总比别人快	
20.碰到危险情境,常有一种极度恐怖感	
21.对学习、工作、事业怀有很高的热情	
22.能够长时间做枯燥、单调的工作	
23.符合兴趣的事情,干起来劲头十足,否则就不想干	
24.一点小事就能引起情绪波动	
25.讨厌做那种需要耐心、细致的工作	
26.与人交往不卑不亢	
27.喜欢参加热烈的活动	
28.爱看感情细腻、描写人物内心活动的文学作品	
29.工作学习时间长了,常感到厌倦	
30.不喜欢长时间谈论一个问题,愿意实际动手干	
31.宁愿侃侃而谈,不愿窃窃私语	
32.别人总是说我闷闷不乐	
33.理解问题常比别人慢些	
34.疲倦时只要短暂地休息就能精神抖擞,重新投入工作	
35.心里有话不愿说出来	

续表

测试题目	计分
36.认准一个目标就希望尽快实现,不达目的,誓不罢休	
37.学习、工作一段时间后,常比别人更疲倦	
38.做事有些莽撞,常常不考虑后果	
39.老师讲授新知识时,总希望他讲得慢些,多重复几遍	
40.能够很快地忘记那些不愉快的事情	
41.做作业或完成一件工作总比别人花的时间多	
42.喜欢运动量大的剧烈体育运动或参加各种文艺活动	
43.不能很快地把注意力从一件事转移到另一件事上去	
44.接到一个任务后,希望能迅速解决	
45.认为墨守成规比冒风险强	
46.能够同时关注多个事项	
47.当我烦闷的时候,别人很难使我高兴起来	
48.爱看情节起伏跌宕、激动人心的小说	
49.对工作持认真严谨、始终一贯的态度	
50.和周围人的关系总相处不好	
51.喜欢复习学过的知识,重复做能熟练做的工作	
52.希望做变化大、花样多的工作	
53.小时候会背的诗歌,我似乎比别人记得清楚	
54.别人说我"出语伤人",可我并不觉得这样	
55.在体育活动中常因反应慢而落后	
56.反应敏捷、机智	
57.喜欢有条理而不甚麻烦的工作	
58.兴奋的事情常使我失眠	
59.老师讲新概念,常常听不懂,但是弄懂了以后很难忘记	
60.假如工作枯燥无味,马上就会情绪低落	

记分:

(一)多血质得分:将以下15题得分相加,计算总分:

题号	4	8	11	16	19	23	25	29	34	40	44	46	52	56	60	总分
得分																

（二）黏液质得分：将以下15题得分相加，计算总分：

题号	1	7	10	13	18	22	26	30	33	39	43	45	49	55	57	总分
得分																

（三）胆汁质得分：将以下15题得分相加，计算总分：

题号	2	6	9	14	17	21	27	31	36	38	42	48	50	54	58	总分
得分																

（四）抑郁质得分：将以下15题得分相加，计算总分：

题号	3	5	12	15	20	24	28	32	35	37	41	47	51	53	59	总分
得分																

确定气质类型的标准：

（一）如果某类气质得分明显高出其他三种，均高出4分以上，则可确定为该类气质。如果该类气质得分超过20分，则为典型；如果该类得分在10~20分，则为一般型。

（二）两种气质类型得分接近，其差异少于3分，而且又明显高于其他两种，高出4分以上，则可确定为这两种气质的混合型。

（三）三种气质得分均高于第四种，而且接近，则为三种气质的混合型，如多血—胆汁—黏液质混合型或黏液—多血—抑郁质混合型。

——引自张拓基、陈会昌：《关于编制气质测验量表及其初步试用的报告》

以小组为单位进行学习讨论，小组人数：4~6人。

讨论每位小组成员的气质类型，并对比测试结果，观察是否一致，发现其气质在生活中的表现。

每组推荐一名成员说明讨论结果。

序号	成员名称	讨论气质类型	测试气质类型	生活中的表现
1				
2				
3				
4				

第七章 乘客群体心理分析

【知识目标】

◇ 了解群体及群体的概念及分类
◇ 理解各种群体效应
◇ 理解乘客群体的概念及类别
◇ 掌握通勤乘客的心理特征
◇ 掌握特殊乘客的心理特征

【能力目标】

◇ 能对乘客群体心理进行分析
◇ 能针对不同乘客群体进行相应的服务

【关键概念】

◇ 群体、群体效应、乘客群体、通勤乘客心理特征、特殊乘客心理特征

【知识框架】

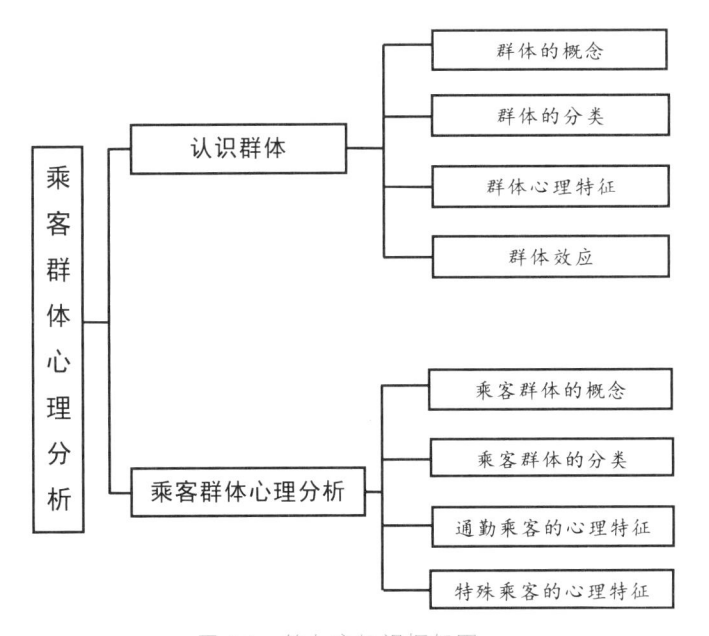

图 7.1 第七章知识框架图

第一节　认识群体

"物以类聚，人以群分"。人是一种典型的群体动物，人们本质上倾向于生活在群体中，与他人建立联系和互动。这种倾向性反映在人类社会的各个方面，从家庭、社区、国家到全球层面，人们都在不同形式的群体中生活、工作和交流，并在群体中获得安全感、责任感、亲情、友情、关心和支持。

【发散思维】

想一想：身边的"群体"有哪些？

（1）_____

（2）_____

（3）_____

一、群体的概念

群体（Groups）指两个或两个以上的人，为了达到共同的目标，以一定的方式联系在一起进行活动的人群。

尽管群体之间在类型、大小、性质、规模等方面千差万别，但所有群体都有下面几个特征。

图 7.2　群体

1. 人数特征

群体是由多个个体组成的集合，至少包含两个人。这些个体可以是人，也可以是其他动物或事物，但在人类社会中，我们主要讨论的是由人组成的群体。

2. 目标一致性

群体成员往往具有共同的目标或利益，这使得他们能够聚集在一起，并协同行动。这些目标可以是具体的任务、项目或价值观、信仰等。

3. 相互依赖与互动

群体成员之间存在一定程度的相互依赖和互动。他们通过沟通、合作、竞争等方式相互影响，共同塑造群体的动态和结果。

4. 社会结构和规范

群体往往具有一定的社会结构和规范，包括领导结构、角色分配、行为准则等。这些结构和规范有助于维持群体的秩序和稳定，促进成员之间的有效合作。

5. 身份认同和归属感

群体成员通常具有一种身份认同和归属感，即认为自己属于某个特定的群体，并与其他成员拥有一种集体意识。这种认同感有助于增强群体的凝聚力和向心力。

二、群体的分类

群体的分类多种多样，不同的学科和视角可能会产生不同的分类方式。以下是一些常见的群体分类方法，如图 7.3 所示：

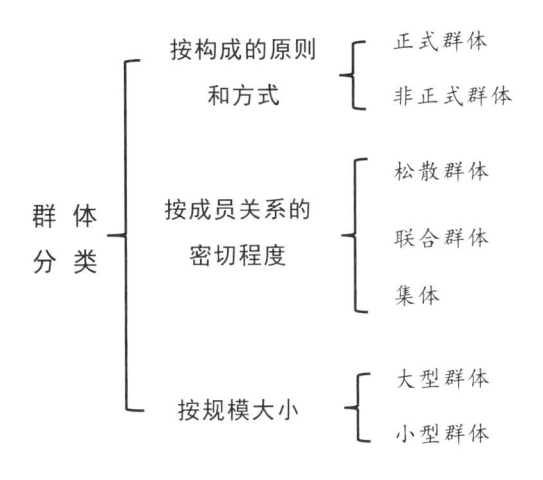

```
         ┌─ 按构成的原则    ┌─ 正式群体
         │   和方式        └─ 非正式群体
         │
群体     │                 ┌─ 松散群体
分 类  ──┤─ 按成员关系的  ├─ 联合群体
         │   密切程度      └─ 集体
         │
         │                 ┌─ 大型群体
         └─ 按规模大小    └─ 小型群体
```

图 7.3　群体的分类

1. 按照构成的原则和方式分类

按照构成的原则和方式，可以将群体分为正式群体与非正式群体。

（1）正式群体。

正式群体（Formal Group），指由组织结构明确、成员职责分明、有固定编制和规章制度所构成的群体。例如学校中的班级、公司中的部门等。

（2）非正式群体。

非正式群体（Informal Group），指基于成员间的共同兴趣、情感联系或共同经历而自然形成的群体。这种群体没有明确的组织结构和规章制度，成员间的互动更加灵活和自由。例如兴趣小组、同学会、运动团体等。

2. 按照成员关系的密切程度分类

按照成员关系的密切程度，可以将群体分为松散群体、联合群体与集体。

（1）松散群体。

松散群体（Loose Group），指成员间关系较为松散，缺乏紧密的联系和共同目标的群体。例如同一病房的病人、同一车厢的乘客等。

（2）联合群体。

联合群体（Associated Group），指成员间有一定的联系和合作，但尚未形成强烈的共同目标或价值观的群体。例如志愿者团队、研究小组、社区活动组织等。

（3）集体。

集体（Collective），指成员间关系紧密，有共同的目标和价值观，形成强烈的归属感和集体意识的群体。例如学校班级、公司团队、企业单位等。

3. 按照规模大小分类

按照规模大小,可以将群体分为大型群体与小型群体。

(1) 大型群体。

大型群体(Large Group),指规模较大、成员数量众多的群体。这类群体成员数量众多,通常需要借助一定的组织结构和管理机制来维持群体的运作。例如国家公民、宗教信徒、大型活动参与者等。

(2) 小型群体。

小型群体(Small Group)指规模相对较小、成员数量较少的群体。

这类群体成员数量较少,互动更加频繁和直接,通常更容易形成紧密的关系和共同的目标。

例如家庭、朋友圈、学习小组、运动小队等。

三、群体心理特征

1. 认同意识

无论正式群体的成员还是非正式群体的成员都有认同群体的共同心理特征,即不否认自己是该群体的成员。他们对自己所属群体的目标有一致的认识,认同群体的规范,并在此基础上产生自觉自愿的行动,并且对重大事件和原则问题保持共同的认识和评价。当然,每个群体内部的认同程度是不一样的,一般来说,大群体内部的认同程度要相对低一些,而小群体内部的认同程度要相对高一些。

2. 归属意识

不管是正式群体的成员还是非正式群体的成员,他们都有归属于群体的共同心理特征,即具有依赖群体的要求。但是,归属意识里面有个自愿感和被迫感的问题。非正式群体成员的归属意识是自愿的归属意识,而正式群体成员的归属意识则不确定,可能是自愿的,也可能是被迫的:个人的优势在正式群体中得不到充分的发挥,就可能对归属于该群体产生被迫感。在这种情况下,该成员首先考虑的不是我应该为群体做些什么,而是考虑我归属于这个群体了,群体应该为我负责。所以,同样是归属意识,自愿的归属增强凝聚,而被迫的归属增强离散。

3. 整体意识

由于认同群体,归属于群体,不管是正式群体的成员还是非正式群体的成员都有或深、或浅、或强、或弱的整体意识,即意识到群体有其群体的整体性。但是这种整体意识程度不同,行为表现也不同。一般来说,整体意识越强,维护群体的意识也越强,行为具有和群体其他成员的一致性;反之,整体意识越弱,维护群体的意识也越弱,行为具有或强或弱的独立性。但是也有相反的情况。正因为整体意识强，所以在发现群体其他成员的行为有害于整体时采取反对态度，和其他群体成员的行为不一致；正因为整体意识弱，所以采取不负责任的态度，和群体其他成员的行为保持一致。所以，整体意识和行为一致是两个互相联系的问题，但不是同一个问题。不能简单地把行为独立性强的人等同于没有整体意识或整体意识不强。

4. 排外意识

所谓排外意识，是指排斥其他群体的意识。群体具有相对独立性，群体成员具有整体意识，这就必然在不同程度上产生排外意识。排外意识是和群体成员把自己看作哪一个群体的成员，或者说更倾向于把自己看作哪一个群体的成员相联系的。倾向于把自己看作班组群体的成员，他就排斥车间以上的群体；倾向于把自己看作车间群体的成员，他就排斥企业以上的群体，同时，他更横向地排斥同级的其他群体。越是把自己看作小群体的成员，排外的意识就越强烈。因此，"外人"也就更难进入小群体。

四、群体效应

群体效应（Group Effect）是指个体在群体中行为、态度、意见和信念等方面受到群体的影响而产生的集体行为或思维的现象。

人在群体中的行为变化是一个复杂而有趣的现象，具体表现为合作行为、侵略行为和协调行为。

人们在群体中可能会表现出合作行为。由于群体中的个体通常希望与群体保持和谐、团结的关系，他们可能会采取一种合作的态度，共同实现群体目标。

在特定情境下，人们可能会因为群体压力或群体情绪的感染而表现出攻击性、侵略性和激进性。这种行为的变化可能源于个体对群体规范的遵从或受到群体情绪的驱使。

常见的群体效应包括从众效应、众从效应、社会助长效应等，具体如下。

1. 从众效应

从众效应（Conformity Effect）是指个体在群体的影响或压力下，放弃自己的意见或违背自己的观点，使自己的言语、行为保持与群体一致的现象。

这是一种普遍存在的社会心理现象，表现为个体在真实的或臆想的群体压力下，在认知、判断、信念以及行为等方面做出符合公众舆论或多数人的行为方式。

从众效应可能源于对群体规范的遵从、对群体压力的感知，以及对个人安全和社交需求的追求。当个体感受到群体的压力时，为了避免被孤立或受到群体的排斥，他们可能会选择放弃自己的独特观点，而选择与群体保持一致。

然而，从众效应并不总是消极的。在某些情况下，它可以促进群体的凝聚力和协作，帮助个体在不确定或复杂的环境中做出决策。例如，当面临紧急情况时，从众效应可能促使个体迅速采取与大多数人相同的行动,从而确保整个群体的安全和有效应对。但同时,从众效应也可能导致个体失去独立思考和批判性思维的能力,盲目追随群体的意见和行为。这可能会导致错误的决策、误导的舆论或群体的极端行为。因此,在面临群体压力时,个体需要保持独立思考和批判性思维的能力,审慎评估群体的意见和行为,避免盲目从众。

【拓展阅读 7.1】

阿希的从众实验

从众实验是心理学家阿希(S. Asch)在1956年进行的从众现象的经典性研究——三垂线实验。这项实验展示了人们在小组讨论时的从众心理。

实验人员安排被试坐在一间满是演员的房间里。实验材料是18套卡片,每套两张,一张画有标准线段,另一张画有比较线条。如下面有四根线条,一条是标准线条(见图7.4左),另外三条,即A、B、C是试验线条(见图7.4右)。请问哪一条线条与标准线条一样长?

请被试选择和标准线条一样长的线条。很明显,C线条是与标准线条一样长的,但在该试验中,并不是所有被试都会选择C线条,这是因为只有一位是真正的被试,其余参与选择的被试均是事先安排好的演员,演员们故意给出了错误答案,以判断被试是否会接受错误的小组答案。

大量的重复实验的结果令人震惊,即使答案很明显,但在1/3的情况下,被试会遵从团体的那"不正确"的答案,而75%的被试会至少遵从一次,即使团体不够大也会出现如此的"从众行为"。

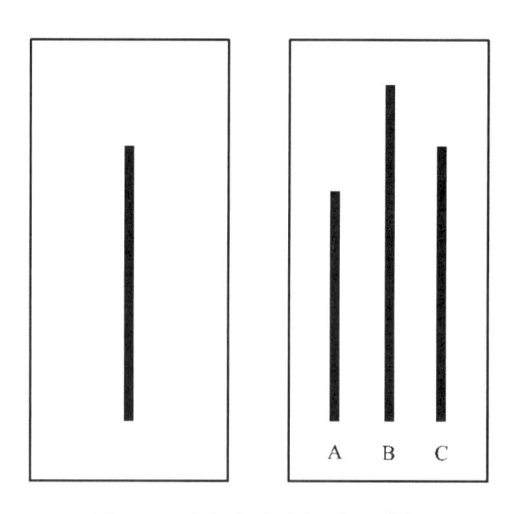

图 7.4 从众实验中的对比线条

想一想，生活中还有哪些典型的从众事件？
（1）_____
（2）_____
（3）_____

---

2. 众从

众从（Minority Influence）是一个社会学和社会心理学概念，是指群体中多数人受到少数人意见的影响而改变原来的态度、立场和信念，转而采取与少数人一致的行为的现象。

当群体中有少数人意见保持一致，并坚持自己观点的情况时，多数人可能会怀疑自己的立场是否正确，在思想上动摇不定，一部分人首先转变态度，倾向于少数人的意见，然后多数派内部思想瓦解，越来越多的人转变立场，开始听从少数派的意见，少数派在群体中起到了举足轻重的作用。

【发散思维】

想一想：发生在身边的"众从"现象。
（1）_____
（2）_____
（3）_____

只有当群体成员出现某些特征的情况下才会产生众从现象，具体如下。

（1）少数派内部特征。

一致性：少数派成员的态度和行为保持一致性才具有影响力。

独特性：少数派成员的行为能体现出与众不同，但必须符合时代精神的发展。

权威性：当少数派由权威人物组成，或有权威人物参与时，其影响力更大。

（2）多数派内部特征。

意见分歧：多数派成员内部存在意见分歧。

缺乏团体凝聚力：多数派内部缺乏群体凝聚力。

对问题真实情况不明确：多数派成员对所遇到问题的真实情况不明确。

3. 社会助长效应

社会助长效应（Social Facilitation Effect）是指当个体意识到他人存在时，其活动效率提高的现象。

这包括两种情况：

一种是当个体与他人共同活动时，活动效率提高，这被称为"共同活动效应"；另一种是当他人在场旁观时，活动效率提高，这被称为"观众效应"。

简而言之，社会助长效应体现了他人存在对个体行为效率的积极影响。

这种效应的产生有多种原因。首先，多数人在一起活动增强了个人被他人评价的意识，从而提高了个人的兴奋水平和动机。其次，与他人一起活动增加了相互模仿的机会和竞争的动机。这些因素有助于提高活动效率。此外，与他人共同活动还可以减少单调的感觉和由于孤独导致的心理疲劳。

社会助长效应在日常生活中有许多应用。例如，志愿者服务、慈善捐赠、爱心传递、精神慰藉、爱心陪伴以及环保行动等都是社会助长效应的典型体现。这些活动不仅有助于改善社会环境，增强社会安全感，还可以帮助个体增强自信心、自尊心、幸福感和满足感。

然而，值得注意的是，社会助长效应并非在所有情况下都会发生。任务的难度和个体的技能水平等因素都会影响社会助长效应的产生。对于相对简单的任务或已经熟练掌握的技能，他人在场可能会起到提高成绩的作用；但对于复杂的或掌握得不好的任务，他人在场可能会降低个体的表现。

【拓展阅读 7.2】

运动中的社会助长效应

1897年，特里普利特（D. Triplett）在《美国心理学杂志》上发表了一项旨在考察他人在场和竞争对个人行为的影响的实验报告。实验是这样进行的：他让被试在一种情境下，骑车完成 25 英里（1 英里≈1.61 千米）的路程，第一种情境是单独骑；第二种情境是让一个人跑步伴同；第三种情境是与其他骑车人竞赛。结果表明，在单独骑时，平均时速为 24 英里；有人跑步伴同时，平均时速为 31 英里；在竞赛的情况下，平均时速为 32.5 英里。

这个报告引起了社会心理学家极大的兴趣。1916—1919 年，F. 奥尔波特在哈佛大学进行了一系列这方面的实验。

图 7.5 运动中的社会助长效应

结果证实，一个人单独做一项工作往往不如一群人一起做同样的工作效率高。也就是说，个体在群体中活动有增质增量的倾向。奥尔波特把这种现象称为"社会助长作用"。

想一想，生活中还有哪些时候会体现出社会助长效应？

（1）_____

（2）_____

（3）_____

4. 社会惰化效应

社会惰化效应（Social Loafing Effect），也称"社会懈怠效应"，是指个人与群体其他成员一起完成某种事情时，个人所付出的努力比单独时偏少，积极性与效率下降的现象。

俗语"一个和尚挑水吃，两个和尚抬水吃，三个和尚没水吃"，形容的就是典型的社会惰化效应。

拉坦、威廉姆斯和哈金斯曾做过一个实验：找6个人蒙上眼睛戴上耳机，耳机里有加油声，这个音量会让他们听不到自己和其他人的声音，先分别单独喊加油，然后再一起喊。结果显示，在加油助威时，六个人的加油声还没有一个人单独喊加油声的三倍响，这都是社会惰化效应的体现。

【发散思维】

想一想：身边的社会惰化效应还有哪些？

（1）_____
（2）_____
（3）_____

从心理学角度来看，社会惰化效应是一种"自我激励"的心理现象，其本质是个体对自我激励的缺失。当个体置身于一个缺乏刺激和挑战的环境中时，会感到无所事事，没有精神压力和动力，从而导致其行动迟缓。此时，个体的自我激励系统处于一种被动状态，难以自行启动。

社会惰化效应对个体身心健康和社会价值观产生显著影响。长期处于惰性状态的人容易感到乏力、疲惫，出现身体不适，甚至导致心理问题，如抑郁、焦虑等。同时，社会惰化效应还会导致社会价值观的扭曲，使得积极向上、勇于冒险的人反而成为异类，从而失去社会认可。

5. 责任分散效应

责任分散效应（Responsibility Diffusion Effect），也称为"旁观者效应"，指当个体认为自己的责任被其他成员分担时，个体自身的责任感可能会降低的现象。

当某一事件发生时，如果是单个个体被要求单独完成任务，那么其责任感通常会很强，会作出积极的反应。然而，当任务被要求一个群体共同完成时，群体中的每个个体的责任感就会变得相对较弱。面对困难和责任时，他们往往更容易选择退缩，因为每个人都期望他人能多承担一些责任，自己则尽量少承担责任。

这种效应在紧急情况下尤为明显。当只有一个人在场时，他/她通常会意识到自己的责任，对需要帮助的人给予援助。然而，当有多人在场时，帮助求助者的责任就被大家共同分担，每个人分担的责任变得很少，甚至可能连自己的那一份责任也意识不到，产生一种"我不去救，由别人去救"的心理，从而造成"集体冷漠"的局面。

责任分散效应可能由多种因素引起，包括群体成员间信息传递的偏差或失真，以及激励机制的不合理等。为了减少这种效应带来的负面影响，在分配任务和职责时，应明确每个人的责任和角色。确保每位成员都清楚自己的职责范围至关重要。此外，鼓励团队成员之间的积极互动和合作也是必不可少的。这样做可以激发成员的积极性和责任感，从而保证任务能够顺利完成。

第二节　乘客群体心理分析

一、乘客群体的概念

轨道交通乘客群体（Rail Passenger Group）是指具有一定出行目的，共同乘坐城市轨道交通工具的一组人群。

轨道交通乘客群体具有一些共性，他们通常时间意识强，希望能够快速、高效地到达目的地。由于车厢内空间有限，尤其是在高峰期，乘客可能会产生一定的空间压迫感。与此同时，大部分乘客在乘坐轨道交通工具时更关注个人空间和内心平静，社交需求相对较弱。

在决策过程中，乘客会受到多种心理效应的影响。例如，就近心理是乘客最常见的一种行为现象，乘客的走行行为和决策行为都受到就近心理的影响。此外，沉没成本效应也可能影响乘客的决策，导致他们在考虑备选方案时，不仅考虑现在的效用，还会考虑过去的投入成本。

二、乘客群体的分类

轨道交通乘客群体可以按照多种方式进行分类，以下是一些常见的分类方式。

（1）根据乘客的性别，可将其分为男性乘客和女性乘客群体。

（2）根据乘客的年龄，可将其分为老年乘客、中年乘客、青年乘客以及儿童乘客群体。

（3）根据乘客出行的目的，可将其分为通勤出行乘客、生活出行乘客、娱乐休闲出行乘客等。

（4）根据特殊乘客类别，可将其分为老年乘客、儿童乘客、残疾乘客、疾病乘客、怀孕乘客、初次乘坐轨道交通工具的乘客等。

（5）根据乘客来源地，可将其分为本地乘客、外地乘客、境外乘客等。

三、通勤乘客的心理特征

通勤乘客（Commuter）是指工作地与居住地不在同一个地方，每天需要往返工作地与居住地之间的人员。

通勤乘客群体具有出行量大、出行时间相对固定等特征，他们构成了城市通勤出行的主体，其出行时间、方式和路径往往受到工作性质、居住地与工作地点之间的距离以及交通状况等多种因素的影响。

通勤乘客的出行行为和特征对于城市交通规划和交通运营有着重要的影响。例如，早晚高峰期的交通拥堵往往与通勤乘客的出行需求密切相关。

就通勤乘客的心理特征而言，其主要的共性心理特征有如下几个方面。

1. 时效心理显著

通勤乘客的时效心理主要体现在他们对时间的高度敏感性和对效率的追求上。由于通勤乘客需要每天往返于工作地和居住地，时间对于他们来说尤为重要。他们希望能够快速、准时地到达目的地，以便有更多的时间用于工作或休息。

在乘坐轨道交通工具时，通勤乘客通常会关注列车的运行时间、到达时间以及换乘时间等。他们会根据这些信息来规划自己的出行路线，以确保能够在最短的时间内到达目的地。同时，他们也会关注列车的准时性，对于可能出现的延误或临时停车等情况，他们会感到焦虑和不满，因为这可能会影响到他们的出行计划。

此外，通勤乘客还会关注轨道交通系统的整体运行效率。他们期望系统能提供高效的换乘服务，包括优化换乘流程和提高列车速度，以减少等待时间并缩短整体出行时长。

时效心理是通勤乘客最基本、最重要的心理特征，也是多种具体心理特征的根源。

2. 心理压力大

通勤乘客面对长时间的通勤和高峰时段的拥挤，往往承受着较大的心理压力。这些压力可能导致他们感到疲劳、焦虑和压抑等负面情绪。这些情绪影响了他们对出行体验的要求和满意度。通勤乘客的心理压力主要来自以下方面。

首先，时间压力是通勤乘客心理压力的主要来源之一。他们需要在有限的时间内完成从居住地到工作地的往返行程，尤其是在高峰时段，交通拥堵、地铁班次延误等问题常常导致他们无法按时到达目的地。这种时间上的不确定性和紧迫感，使得通勤乘客感到焦虑和紧张。

其次，空间压力也是导致通勤乘客心理压力大的重要因素。高峰时段的轨道交通通常非常拥挤，乘客们长时间处于相对狭小的空间中，这不仅让他们感到身体上的不适，还可能引发心理上的压抑和烦躁。长时间处于这种拥挤、嘈杂的环境中，乘客们容易感到疲惫和压力倍增。

最后，通勤过程中的不确定性因素也会增加乘客的心理压力。例如突然的交通事故、列车故障或紧急疏散等情况，都可能让乘客感到恐慌和不安。这种不确定性使得乘客们无法预测和掌控通勤过程中的风险，从而增加了他们的心理压力。

3. 舒适期望较低

相对于其他乘客群体，通勤乘客的舒适期望较低，这一现象可能由多种因素造成。首先，长期的通勤经历可能使乘客对于轨道交通的拥挤、嘈杂等状况习以为常，从而降低了对舒适度的要求。他们可能更加关注出行的便捷性和准时性，而相对忽视舒适度。

其次，城市轨道交通是公共交通的重要组成部分，其主要任务是满足大量乘客的出行需求。在高峰时段，车厢内往往非常拥挤，乘客站立的空间都有限，这种情况下，乘客对舒适度的期望自然会降低。

此外，个人经济状况和出行成本也是影响乘客舒适期望的因素。一些乘客可能因为经济原因而选择相对廉价的轨道交通作为通勤方式，对于舒适度的要求也就相对较低。

尽管轨道交通通勤乘客对舒适的期望相对较低，这并不代表我们可以忽视他们的舒适度需求。实际上，提升乘客舒适度不仅能改善他们的出行体验，还能吸引更多人选择使用轨道交通工具，从而有效缓解城市的交通压力。为此，轨道交通运营商应致力通过改善车厢环境、提高服务质量以及优化线路规划等措施，来增强乘客的舒适感。

四、特殊乘客的心理特征

1. 老年乘客的心理

老年乘客的心理特征主要体现在以下几个方面。

（1）追求安全与安静。

随着年龄的增长，老年乘客的体力逐渐减弱。因此，他们更加注重出行的安全性。在乘坐轨道交通时，老年乘客倾向于选择稳定且安全的座位，以避免在车厢内频繁移动或长时间站立。此外，他们还追求一个安静舒适的乘车环境，以便休息和思考。

（2）安全感需求较强。

随着年龄的增长，老年人的身体机能逐渐下降，应对突发事故的能力下降，因此，他们往往更加关注自身的安全。在乘坐轨道交通工具时，他们更倾向于选择稳定、安全的座位，以获取更多的安全感。

（3）依赖心理。

由于身体机能的衰退，老年乘客在面对复杂的交通系统时可能会感到力不从心。这种情况下，他们往往产生依赖心理，更愿意听从工作人员的指示或寻求其他乘客的帮助来完成乘车过程。

基于这些观察，轨道交通客运服务人员应展现出足够的耐心和细心，为老年乘客提供周到的服务。例如，可以设置专门的座位或区域供老年乘客使用，保持车厢内的安静和整洁，并及时解答他们的疑问和提供帮助。

2. 残疾乘客的心理

残疾乘客的心理特征主要体现在以下几个方面。

（1）敏感心理。

身体上存在残疾的乘客可能会感到自卑，并对自身的缺陷特别敏感。他们非常在意他人的目光和评论，担心受到歧视或嘲笑。这种心理状态可能导致他们在公共场合表现得较为拘谨，倾向于避免与他人进行过多的交流。

（2）依赖心理。

残疾乘客在出行时，可能更加依赖他人的帮助和辅助设备。他们可能需要工作人员或其他乘客的协助，才能完成购票、上下车等动作。这种依赖性可能导致他们在面对新的挑战或困难时，更加容易感到无助和焦虑。

（3）服务需求较强。

残疾乘客行动不便，对于出行服务有着更高的需求。他们可能更加关注车站和车厢内的无障碍设施是否完善，以及工作人员是否具备专业的服务技能和应对突发情况的能力。

为了提升残疾乘客的出行体验，轨道交通系统应进一步完善无障碍设施，提供便捷的购票和乘车服务。同时，工作人员也应接受专业培训，掌握与残疾乘客沟通的技巧和方法，以便更好地提供帮助和支持。

3. 儿童乘客的心理

儿童乘客的心理特征主要表现在以下几个方面。

（1）活泼好奇。

儿童通常天性活泼，对周围的事物充满好奇。在乘坐轨道交通工具时，他们可能会对车厢内的各种设施、按钮、标志等产生浓厚的兴趣。他们表现出强烈的好奇心，可能会尝试触摸或探索这些物品。

（2）易分心。

儿童由于其生理和心理的特点，通常难以长时间保持安静并且容易分心。在乘车时，他们可能会不断变换坐姿、玩耍或与其他儿童互动。因此，家长或监护人需要密切关注他们的行为。

（3）依赖心理。

儿童在出行时通常依赖于家长或其他成人的陪伴和照顾。在轨道交通环境中，他们会对熟悉和信任的人产生强烈的依赖心理，希望得到他们的关爱和保护。

儿童出行时，通常依赖家长或其他成人的陪伴与照顾。在轨道交通环境中，他们对熟悉和信任的人会产生强烈的依赖感，渴望得到关爱与保护。为了确保儿童乘客的安全和舒适，轨道交通系统和服务人员应采取相应的措施。例如，设立专门的儿童安全区，强化安全宣传教育，并对员工进行培训，使其掌握与儿童乘客有效沟通的方法。

4. 患病乘客的心理

患病乘客的心理特征可能因疾病的种类、严重程度以及个人差异而有所不同。但一般来说，疾病乘客可能表现出以下一些共同的心理特征。

（1）焦虑心理。

由于患有疾病，乘客可能会对旅途中的安全和舒适度感到焦虑。他们担心在列车上突发疾病、无法及时获得医疗救助或遇到其他紧急情况。这种焦虑情绪可能导致他们紧张不安，对周围环境保持高度警觉。

（2）敏感易怒。

患病乘客的身体状况可能导致他们对外界刺激更加敏感，容易因为一些小事而感到烦躁或易怒。例如，车厢内的噪音、拥挤或温度变化都可能引发他们的不适和不满。

（3）依赖心理。

患病乘客在交通过程中可能更加依赖他人的帮助和照顾。他们可能需要工作人员或其他乘客的协助才能完成一些基本的动作或任务，如上下车、寻找座位等。

为了更好地照顾患病乘客，轨道交通客运服务人员应特别关注他们的心理需求。例如，提供舒适的座椅和安静的乘车环境，以减少他们的不适和焦虑；加强车厢内的清洁和卫生管理，以降低疾病传播的风险；提供及时的医疗救助和紧急联系方式，以应对可能的突发情况。

5. 怀孕乘客的心理

怀孕乘客在轨道交通中展现出的心理特点，主要源于她们身体的特殊状况和对胎儿的深切关爱。以下是她们的一些显著的心理特征。

（1）焦虑心理。

怀孕乘客往往表现出极强的焦虑感。她们对自身的安全和胎儿的健康非常关注，因此，她们可能会对旅途中的每一个细节都格外留意。例如，可能会担心车厢内的颠簸、突然的刹车或紧急状况。这些因素都可能影响她们的情绪和舒适度。

（2）敏感心理。

怀孕乘客通常比较敏感。由于身体的变化和激素的影响，她们可能对外界的刺激反应更为强烈。例如，车厢内的异味、过大的噪音或人群的拥挤都可能让她们感到不适。

（3）依赖心理。

怀孕乘客可能会表现出一定程度的依赖心理。怀孕期间，女性的身体可能变得较为笨拙，行动不便，因此她们可能更加依赖他人的帮助。在乘坐轨道交通工具出行过程中，她们可能会期待得到工作人员和其他乘客的关照与协助。为了更好地照顾怀孕乘客，轨道交通系统和服务人员应特别注意她们的需求。例如，提供舒适的座椅、保持车厢内的清洁和安静、设立孕妇优先座位等措施都有助于减轻她们的焦虑感和不适感。同时，服务人员也应接受相关培训，掌握与怀孕乘客沟通的技巧，以便在她们需要帮助时能给予及时、恰当的支持。

除了以上乘客群体以外，还有其他各种类型的乘客群体，请大家分析，并完成【课堂练习 7.1】。

【课堂练习 7.1】

学生乘客群体的心理分析

学生乘客群体也是城市轨道乘客当中很重要的组成部分，请你以本书中的分析为参考，分析一下学生群体的心理特征吧。

注意，学生群体本身也分为多个类型，先确定自己选择哪种具体的学生群体，再进行分析。

以小组为单位进行讨论，并将讨论结果写于表 7.1 中。

表 7.1　学生乘客群体心理分析表

学生类型	心理特征	具体表现
（小/中/大学生）		

第八章 乘客投诉心理与处理

【知识目标】

◇ 理解乘客投诉的概念及意义
◇ 掌握乘客投诉的分类
◇ 了解乘客投诉的表达方式
◇ 了解乘客投诉处理的原则
◇ 了解乘客投诉案例

【能力目标】

◇ 能掌握不同情况下乘客的投诉心理
◇ 能处理常见的乘客投诉

【关键概念】

◇ 乘客投诉、投诉心理、投诉处理

【知识框架】

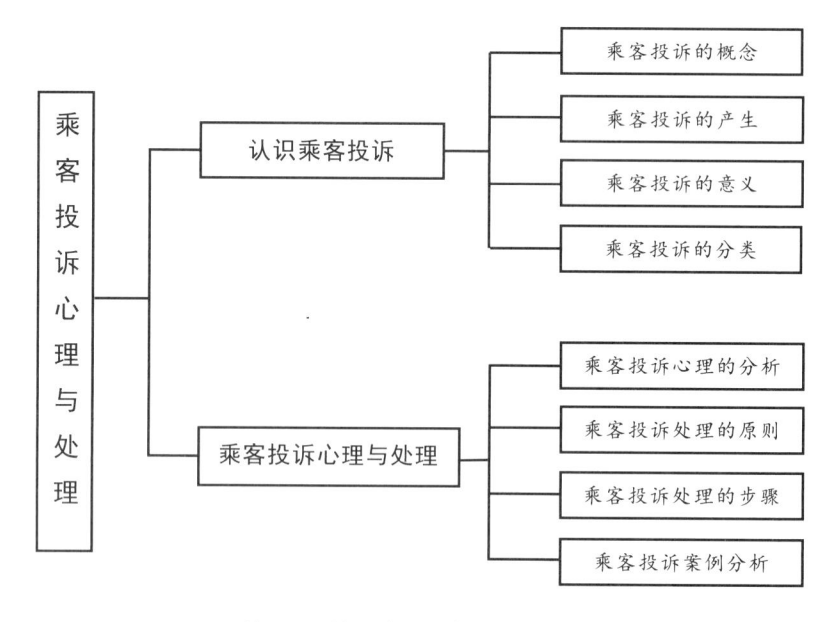

第 8.1 第八章知识框架图

第一节 认识乘客投诉

一、乘客投诉的概念

乘客投诉（Passenger Complaint）是指乘客在交通过程中，对服务质量、设施状况、服务态度等方面所提出的不满或意见。

据调查表明：当乘客遇到服务问题时，其中有 69% 的乘客从不提出投诉，有 26% 的乘客向身边的服务人员口头抱怨过，而只有 5% 的乘客会向管理部门正式投诉。

这些投诉可能涉及列车的准时性、车厢内的清洁度、站点的便利性、票务问题，以及员工的服务态度等多个方面。

图 8.2 投诉

乘客可以通过多种渠道进行投诉，例如拨打轨道交通公司的客服电话、登录官方网站或相关应用程序填写投诉表格，或者前往地铁站点的投诉建议箱或专门的投诉窗口。这些投诉渠道的设置旨在方便乘客及时反映问题，促使轨道交通部门及时改进服务，提升乘客满意度。

二、乘客投诉的产生

乘客投诉的产生过程是一个从潜在化抱怨到显在化抱怨，再到正式投诉的逐步演进过程，如图 8.3 所示。

在这一过程中，乘客的期望与实际感知的差距是投诉产生的根本原因，而服务质量的不完善或不足则是引发投诉的直接因素。

乘客的需求没有得到满足 → 潜在化抱怨 → 显在化抱怨 → 正式投诉

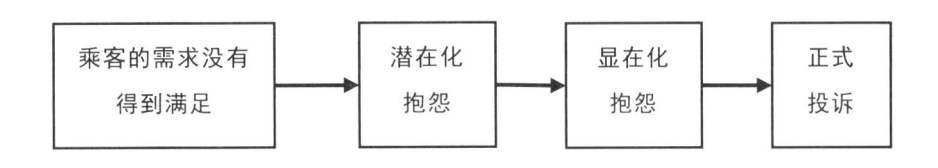

图 8.3 乘客产生投诉的过程

具体过程如下所示：

1. 乘客需求没有得到满足

乘客投诉产生的过程主要源于乘客对轨道交通服务质量的期望与实际感知之间的差距。

当乘客的要求和愿望在轨道交通服务中没有得到满足时，他们往往会感到不满和失望，具体如客运服务设备设施、客运服务人员的服务态度、服务方式及服务技巧、服务场所环境卫生等方面的问题。

2. 潜在化抱怨

如果这些方面的实际感知与乘客的期望存在差距，乘客就会产生不满意或抱怨的情绪。这种情绪最初可能只是潜在化抱怨，即乘客对列车运行或服务存在一定程度的不满。

潜在化抱怨通常隐藏在乘客的内心，表现为对服务质量的微妙感知和期待与现实之间的落差。

3. 显在化抱怨

随着时间的推移，这种潜在化的抱怨可能逐渐转化为显在化抱怨，表现为更直接和明显的不满。

显在化抱怨通常表现为乘客直接向服务人员、车站管理人员或其他相关方面表达自己的不满和抱怨。

4. 正式投诉

当显在化的抱怨积累到一定程度，乘客可能会选择通过口头或书面的方式正式提出投诉。

正式投诉是乘客对服务质量问题的一种直接反馈，也是他们寻求问题解决和权益维护的一种方式。

三、乘客投诉的意义

对于轨道交通部门来说，认真对待并处理乘客的投诉是非常重要的。这不仅是提升服务质量的必要手段，也是维护品牌形象和建立良好乘客关系的关键。乘客投诉的意义主要体现在以下几个方面。

1. 改进轨道交通服务质量

乘客投诉是服务质量改进的重要推动力。乘客作为轨道交通服务的直接体验者，他们的投诉和反馈是评估服务质量、发现服务短板的重要途径。通过认真倾听乘客的声音，轨道交通部门可以深入了解乘客的需求和期望，从而有针对性地改进服务流程、提升服务水平。

2. 维护乘客自身权益

乘客投诉有助于维护乘客权益。当乘客在轨道交通服务过程中遇到问题或不满时，投诉是他们表达诉求、维护自身权益的有效方式。通过投诉，乘客可以促使轨道交通部门正视问题、及时采取措施，保障乘客的合法权益不受侵害。

3. 提升乘客满意度和忠诚度

乘客的满意度和忠诚度是衡量轨道交通服务质量的重要指标。当乘客的投诉得到及时、公正的处理时，他们会感受到轨道交通部门的重视和关怀，从而增强对服务的信任和认可。这种正面的情感体验有助于提升乘客的满意度和忠诚度，促使他们更愿意选择轨道交通作为出行方式。

4. 有助于轨道交通企业发展

乘客投诉可以促进轨道交通部门的自我完善和发展。通过不断收集和分析乘客的投诉数据，轨道交通部门可以发现服务中的普遍问题和薄弱环节，从而制定更加科学、合理的改进措施。这种持续改进的过程有助于提升轨道交通部门的整体服务水平和竞争力，推动其实现可持续发展。

四、乘客投诉的分类

乘客投诉按照不同的分类方式有不同的种类（见图8.4）。

```
                    ┌ 当面投诉
         按投诉表达  ├ 电话投诉
         方式分类    ├ 书面投诉
                    └ 网络投诉

         ┌          ┌ 工作人员服务方面的投诉
乘客投诉 ┤ 按投诉内容├ 服务设施方面的投诉
         │ 分类     ├ 列车运行方面的投诉
         │          └ 票款差错方面的投诉

         └ 按投诉性质┌ 有责投诉
           分类     └ 无责投诉
```

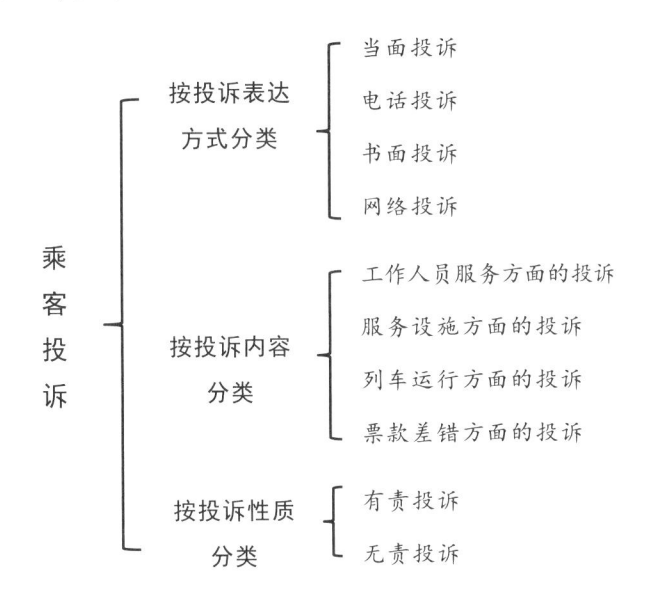

图 8.4　乘客投诉的分类

1. 按投诉表达方式分类

按投诉的表达方式，乘客投诉主要可以分为以下几类。

（1）当面投诉。

当面投诉（Face-to-Face Complaint）指乘客亲自到轨道交通的客服中心、站点或办公地点，直接与工作人员沟通并表达投诉。

这种方式可以让乘客与工作人员面对面沟通，乘客可以即时得到反馈或解决方案。

（2）电话投诉。

电话投诉（Telephone Complaint）指乘客拨打轨道交通的客服热线，通过电话向客服人员进行投诉。

这种方式方便快捷，适用于那些希望快速解决问题但不愿或不能亲自到现场的情况。

（3）书面投诉。

书面投诉（Written Complaint）指乘客通过书信、邮件、留言等形式向轨道交通部门进行投诉。

这种方式虽然相对较慢，但可以让乘客有充足的时间详细描述问题，并附上相关证据。部分轨道交通站点设有投诉箱，乘客可以将投诉信件投入箱内。

图 8.5　电话投诉

（4）网络投诉。

网络投诉（Online Complaint）指乘客通过网络渠道进行投诉，具体包括轨道交通官方网站、社交媒体网络、第三方投诉平台等形式。

① 轨道交通官方网站。乘客登录轨道交通的官方网站或相关应用程序，在线填写投诉表格并提交。这种方式具有书面投诉的详细性和网络投诉的便捷性。

② 社交媒体投诉。乘客通过社交媒体平台（如微博、微信等）发布投诉内容，并@轨道交通部门的官方账号。这种方式利用了社交媒体的传播效应，可能会引起更多人的关注。

③ 第三方投诉平台。乘客还可以通过政府或第三方机构提供的投诉平台，对轨道交通服务进行投诉。

2. 按投诉的内容分类

按投诉的内容，乘客投诉主要可以分为以下几类。

（1）工作人员服务方面的投诉。

工作人员服务方面的投诉指乘客对工作人员的服务态度、问题处理等方面的投诉。

这些方面直接关联到乘客的出行体验和对服务质量的期望。以下是一些常见的关于工作人员服务的投诉内容。

① 服务态度冷淡或不友善。

乘客可能投诉工作人员态度冷淡，缺乏基本的礼貌和热情。当乘客咨询或需要帮助时，工作人员可能表现得不够耐心，甚至有时会用冷漠或不耐烦的态度回应。

② 不及时处理乘客需求或问题。

乘客可能投诉工作人员对他们的需求或问题反应迟钝，甚至有时完全忽视。例如，当乘客需要帮助搬运行李或解决紧急情况时，工作人员可能未能及时响应。

③ 缺乏专业知识和技能。

乘客可能期望工作人员具备基本的专业知识和技能，以便能够解答他们的问题或提供有效的帮助。如果工作人员缺乏这些能力，可能会导致乘客的困扰和不满。

④ 沟通障碍或语言问题。

有时，乘客可能遇到与工作人员的沟通障碍或语言问题，导致沟通不畅。这可能是由于工作人员缺乏多语言能力或沟通技巧不足。

（2）服务设施方面的投诉。

服务设施方面的投诉指乘客对车站和列车内各种设施出现的问题所进行的投诉。这些设施和服务是乘客在出行过程中直接接触的，对于提升乘客的出行体验和满意度至关重要。以下是一些常见的关于服务设施方面的投诉内容。

① 设施老化或损坏。

乘客可能投诉车站或列车内的设施老化、损坏或功能不正常。例如，自动售票机故障、闸机不灵敏、电梯停运或扶手松动等。这些问题可能导致乘客购票、进站或乘车过程中遇到困难或不便。

② 标识不清晰或缺乏。

标识系统是车站和列车内的重要组成部分，它有助于乘客快速找到目的地或了解相关信息。乘客可能投诉标识不清晰、内容错误或缺乏必要的标识，导致他们在车站内迷路或错过列车。

③ 空调或供暖设施问题。

在夏季和冬季，空调和供暖设施的正常运行对于保持车站和列车内的适宜温度至关重要。乘客可能会投诉以下问题：空调或供暖设施出现故障、温度调节不恰当，以及噪音过大。这些问题都会影响他们的舒适度。

④ 卫生状况不佳。

卫生问题是乘客经常投诉的问题之一。车站和列车内的清洁程度直接影响到乘客的舒适度和健康。乘客可能会抱怨地面不干净、卫生间脏乱以及座位和扶手上有污渍等问题。此外，轨道车站与列车上有许多设备，例如座椅舒适度不足、照明不足或光线过强等也可能引发乘客不满。

（3）列车运行方面的投诉。

列车运行方面的投诉指乘客对列车的准时性、稳定性以及行车安全等方面的投诉。以下是一些常见的投诉内容。

① 列车晚点或提前发车。

乘客经常抱怨列车未能按照预定的时间表准时发车或到达。这种情况不仅可能导致乘客错过重要的会议或活动，还可能打乱他们的整体出行计划。

② 列车运行不稳定。

乘客在列车行驶过程中，如果感受到频繁的晃动或颠簸，可能会产生不安和不适。这种不稳定的运行状况不仅影响乘客的舒适度，还可能对列车设备造成损害。

③ 行车安全问题。

乘客对列车的行车安全非常关注。他们可能会投诉列车在行驶过程中存在安全隐患，如车门未关紧、信号灯故障等。

④ 列车运行信息发布不及时。

当列车运行出现异常情况时，如果车站或列车上未能及时、准确地发布相关信息，或者客运服务人员与乘客沟通不畅，可能导致乘客产生误解或不满。此外，列车速度过慢或过快，出现非计划内的紧急制动或无故停车等情况都可能引发乘客的安全担忧。这些问题可能会导致乘客投诉的发生。

（4）票款差错方面的投诉。

票款差错方面的投诉是指乘客对票价设置、收费规则、购票方式以及退款处理等方面所进行的投诉。

以下是一些常见的投诉内容。

① 票价设置不合理。

乘客可能认为某些站点的票价过高，或者票价与实际乘坐距离不符，觉得性价比低。特别是在长距离或跨线路乘坐时，票价的计算方式可能引发乘客不满。

② 收费规则不明确。

轨道交通的收费规则可能涉及起步价、分段计价、换乘优惠等多种因素。如果乘客觉得这些规则不够明确或容易引起误解，例如对于"最短路径"的算法或换乘的计费方式存在疑问，他们可能会对此提出投诉。

③ 退款处理不及时或不公正。

当乘客因故需要退票或申请退款时，如果退款流程烦琐、处理速度慢，或退款金额不准确，都可能引发乘客的不满和投诉。

④ 票卡异常处理不当。

乘客可能遇到票卡损坏、丢失或被盗刷等情况，如果轨道交通公司不能迅速、公正地处理这些问题，乘客可能会感到不满。

此外，购票方式不便捷、购票时间过长、购票过程不顺畅等问题也会引发乘客的投诉。

为了解决这些投诉，轨道运营企业需要加强车站和列车的管理。这包括优化服务流程，并提升工作人员的服务态度与专业素养。此外，建立完善的乘客权益保障机制至关重要。该机制应确保及时回应和处理乘客的投诉，保护乘客的合法权益。通过这些措施，可以提升乘客的满意度和忠诚度。

【拓展阅读8.1】

你在地铁站遇到过吗？

最近，有网友发帖吐槽称，在深圳地铁岗厦北站看到多位主播架着机器在地铁站内外直播，直播内容是上班族的早高峰画面，而且都没有打码处理。从网友发布的直播截图可以看到，主播在地铁站内直播上下地铁的乘客，部分乘客低着头，也有部分乘客被拍到了正脸，还有网友对不知情的地铁乘客评头论足。

7月11日，记者联系上一位发帖者，他表示每天在岗厦北站坐地铁上班都能看到有主播在直播，"一开始以为是工作人员，结果发现是主播，而且不止一两个人，我也被拍到过。"他还表示，感觉侵犯了他人的权益，利用不知情的乘客上下地铁拥挤的画面来博取流量，"不劳而获的行为，太恶劣了！"另一位目击者也告诉记者，现场的主播直播时不给乘客的面部打码处理，"刷到过几次直播间，都没打码"。

相关话题在网上发酵。有网友表示："被网红'当景点'直播，还被直播间网友指指点点，感觉很不好。"一些网友建议：平台和地铁方应该禁止这样的直播行为。也有网友认为：可以拍，但要征求他人同意。有主播每天直播两到三次。据了解，截至目前，岗厦北枢纽是深圳首个"五线换乘"枢纽，7月1日，岗厦北单日换乘客运量达到33.49万人次。

记者发现一位主播每天都会直播两到三次，时间主要集中在早高峰和晚高峰，直播标题就是"深圳最大的地铁中转站"。记者联系上这名主播，他表示有时被地铁工作人员发现会被要求离开。当记者追问为何不给入镜路人打码时，他并没有作出回复。对此，深圳地铁方回应："拍摄乘客的脸不做打码处理，是不允许的。"深圳地铁工作人员表示，已经收到了此类投诉，接下来地铁方面一定会严加管理。"如果没有向地铁方报备拍摄内容，都是不允许拍摄、直播的。"工作人员表示，会加大各个地铁站巡逻力度，保障乘客的权益。

——《"太恶劣了！"事发地铁站，网友吵翻：超级被冒犯！官方回应》，光明网，2024-7-15。

这种情况，你在地铁站遇到过吗？

3. 按投诉性质分类

按乘客投诉性质，可将乘客投诉分为有责投诉和无责投诉。

（1）有责投诉。

有责投诉（Responsible Complaint）是指因工作人员工作失误、设施设备、环境卫生等问题，导致乘客利益受到损害或造成一定程度的负面影响，且相关部门或人员对此负有责任的乘客投诉。

有责投诉的内容可能涉及多个方面，例如列车晚点或提前发车、运行不稳定、紧急制动或无故停车等列车运行方面的问题；车站管理不规范、列车管理不当、服务流程烦琐或不合理等运营管理方面的问题；票价设置不合理、收费规则不明确、购票方式不便捷、退款处理不及时或不公正等票款方面的问题。

处理有责投诉对于轨道交通部门来说至关重要，它不仅关系到乘客的出行体验和满意度，也影响到轨道交通的运行情况和形象。因此，轨道交通部门需要认真对待每一个有责投诉，及时采取措施进行改进，以提升服务质量和乘客满意度。

（2）无责投诉。

无责投诉（Non-Responsible Complaint）指因不可抗力因素或乘客自身因素所引发，相关部门或工作人员并无过错与责任的乘客投诉。

无责投诉通常包括两种情况。

① 由自然灾害等不可抗力因素导致服务失误而引起的投诉。

例如，地震、洪水、暴风雪等极端天气条件可能会影响轨道交通的正常运行，导致列车晚点、停运或服务调整。在这种情况下，尽管乘客可能会感到不满或提出投诉，但轨道交通公司实际上并没有过错或责任，因为这些问题超出了其控制范围。

② 由乘客自身原因引起的投诉。

这包括乘客未遵守乘车规定、误操作设备、个人行为不当等问题。具体来说，如果乘客未按时乘车，携带违禁品，或者未正确操作票务设备，这些问题可能会引发投诉。然而，这些投诉通常不会归咎于轨道交通公司。

第二节　乘客投诉心理与处理

一、乘客投诉心理的分析

乘客的投诉心理是一个复杂的现象，涉及尊重、公正、优质服务的需求、个体特征、情绪状态等多个方面。对乘客来说，既然选择了投诉，就一定会有一个心理预期并希望得到满意的答复。工作人员只有弄清乘客投诉的心理期望，才能有针对性地处理投诉。

一般来说，乘客投诉的心理期望主要有以下几种。

1. 希望问题能被重视

当乘客遇到了服务上的问题，但觉得这些问题被忽视或未得到妥善处理时，他们希望通过投诉的方式，引起相关人员的注意和重视，促使问题得到妥善解决。

乘客希望问题得到重视的心理，反映了他们对于公平、公正和尊重的追求。他们认为自己作为消费者，有权享受优质的服务和公平的待遇。当他们的权益受到侵害或服务质量不符合预期时，他们希望自己的声音能够被听到，问题能够得到认真对待。

为了满足乘客的这一心理需求，轨道交通运营商应该高度重视乘客的投诉，并采取积极的措施来解决问题。首先，建立健全的投诉处理机制，确保乘客的投诉能够得到及时、有效的回应。其次，加强员工的培训和教育，增强他们的服务意识，提升他们的专业水平，使其能够更好地理解和处理乘客的投诉。此外，运营商还可以通过定期收集和分析乘客的反馈意见，及时发现和解决服务中存在的问题，提升整体的服务质量。

2. 希望得到补偿或解决方案

当乘客的权益受到侵害时，他们希望通过投诉获得相应补偿或者找到解决问题的办法。

乘客在乘坐轨道交通工具时，通常会支付一定的费用，并期望获得相应的服务质量和出行体验。然而，当服务出现问题，如列车晚点、故障、客运服务人员服务态度不佳或行李丢失等，乘客的出行计划可能会受到干扰，甚至可能造成一定的经济损失或精神困扰。在这种情况下，乘客自然期望能够得到一定的补偿，以弥补他们所遭受的损失或不便。

这种心理背后反映了乘客对于所遭受的不便、损失或服务质量问题的实际关注，以及对于公平和合理对待的期望。

补偿的形式可以多种多样，包括但不限于退款、折扣、优惠券、赠品或其他形式的实物或服务。乘客可能根据自己的实际损失和需求，提出相应的补偿要求。他们希望通过这种方式，得到一种实质性的回应和解决方案，以平衡他们因服务问题而遭受的不满和损失。

需要注意的是，补偿并非万能之策。运营商在处理乘客投诉时，还应注重与乘客的沟通和协商，了解乘客的实际需求和期望，并尽可能提供个性化的解决方案。

3. 希望宣泄不满情绪

当乘客遇到服务问题或困扰时，他们会感到不满、失望或愤怒，并希望通过投诉来表达不满。

通过投诉，乘客可以表达自己的不满和失望，倾诉自己的遭遇和感受。这种倾诉行为有助于乘客释放内心的压力和负面情绪，减轻心理负担。同时，投诉也能让乘客感受到自己的声音被听到和重视，从而获得一定的心理满足感。

因此，在处理乘客投诉时，轨道交通运营商应关注乘客的情感需求，积极倾听和理解乘客的感受，同时提供有效的解决方案和补偿措施，以缓解乘客的不满情绪并恢复其信任。

为了减少乘客投诉和负面情绪的产生，轨道交通运营商应不断提升服务质量。这包括加强员工培训和管理，确保乘客能够享受到安全、舒适和便捷的出行体验。通过持续改进和优化服务，乘客的不满情绪可以得到有效缓解，其满意度和忠诚度也会相应提升。

4. 希望相关人员得到惩罚

当乘客认为服务人员的态度、行为或专业能力存在严重问题，导致他们的出行体验受到严重影响，乘客会选择对其进行投诉，并希望该工作人员受到相应惩罚。

这通常源于对工作人员的服务质量的严重不满，以及对个人权益受损的强烈感受。乘客还可能希望通过惩罚相关人员来传递一个明确的信号：不良的服务态度和行为是不被接受的。这种心理反映了乘客对公平正义的追求，以及对轨道交通服务行业的规范和秩序的维护。

因此，在处理乘客投诉时，相关服务人员和管理部门应充分了解乘客的心理需求，积极采取措施解决问题，并对涉事人员进行公正、合理的处理。

5. 希望轨道交通企业发展更好

乘客在遇到服务问题时，他们希望通过自己的反馈，推动轨道交通企业在服务质量、运营效率、设施设备等方面取得进步，实现更好的发展。

乘客希望轨道交通企业发展更好的心理，反映了他们对于公共交通系统的期待和责任感。他们认识到轨道交通作为城市公共交通的重要组成部分，对于缓解交通拥堵、提升城市形象、促进经济发展等方面具有重要意义。因此，他们希望轨道交通企业能够不断改进和创新，提供更加安全、便捷、舒适的出行体验，满足广大市民的出行需求。

例如，乘客可能会发现企业的广告宣传词中的语病或错别字；他们也可能注意到企业的服务设施不够完善，无法满足需求；又或者是对服务人员的服务态度不满。这些情况都可能导致乘客投诉。乘客的目的是希望企业管理者重视并解决这些问题，因为它们会影响到企业的形象和声誉。

为了实现乘客的期望，轨道企业需要积极倾听和处理乘客的投诉，加强与乘客的沟通和互动。通过定期开展乘客满意度调查、举办乘客座谈会等活动，企业可以更加深入地了解乘客的需求和期望，及时调整服务策略和方向。同时，企业还可以积极宣传自身的改进措施和成果，增强乘客对轨道交通企业的信任和支持。

二、乘客投诉处理的原则

对城市轨道交通客运服务人员来说，投诉的处理是一项非常具有挑战性的工作。如何有效地处理乘客投诉也是一个亟待解决的问题。

乘客投诉的具体处理原则如下。

1. 乘客至上的原则

乘客至上的原则是指，在处理乘客投诉的过程中，工作人员应始终以乘客的需求和满意度为核心，确保乘客的权益得到充分尊重和保障。

乘客至上原则体现在以下几个方面。

（1）在处理投诉时，工作人员应站在乘客的角度思考问题，深入理解乘客的困扰和需求。这意味着要耐心倾听乘客的投诉内容，确保真正掌握问题的实质，从而能够提供有效的解决方案。

（2）对于乘客的投诉，无论大小，都应给予足够的重视和关注。每一个投诉都是乘客对服务质量的反馈，都是改进和提升服务的宝贵机会。因此，工作人员应认真对待每一个投诉，确保问题得到妥善解决。

（3）在处理投诉过程中，工作人员应始终保持礼貌、友善和专业的态度。即使面对情绪激动或不满的乘客，也要保持冷静和耐心，用平和的语气和方式解决问题。这有助于缓解乘客的紧张情绪，增强乘客对服务的信任感。

（4）乘客至上原则还要求在处理投诉时注重效率和效果。工作人员应尽快回应乘客的投诉，并在合理的时间内给出解决方案。同时，要确保解决方案切实可行、有效，能够真正解决乘客的问题，提升乘客的满意度。

2. 不推脱责任的原则

不推脱责任原则是指，当乘客提出投诉时，相关工作人员应避免推卸责任，积极寻找问题的原因，并主动承担责任。

这有助于建立乘客的信任，并提升轨道交通服务的整体形象，具体应注意以下几点。

（1）要求工作人员在面对乘客投诉时保持积极、主动的态度，认真倾听乘客的投诉内容，对乘客的困扰和需求表示理解，并主动承担责任，积极寻找解决问题的办法。避免以各种借口或理由来推卸责任，以免给乘客留下不负责任的印象。

（2）在解决投诉问题的过程中，工作人员应遵循公正、公平的原则，客观对待每一个投诉，不偏袒任何一方，确保处理结果的公正性和准确性。同时，他们还应及时向乘客反馈处理进展和结果，让乘客感受到问题的处理是认真、负责的。

（3）乘客投诉的处理工作要坚持"四不放过"原则。即投诉原因分析不清不放过、责任人没有受到严肃处理不放过、广大员工没有受到教育不放过、防范整改措施没有落实不放过。

（4）要保障和承认乘客的投诉权利、获得赔偿的权利、监督服务效果的权利。赔偿机制应公平、合理且易于操作，确保乘客的权益得到充分保障，并鼓励乘客对服务进行评价和反馈。

3. 先安抚、后处理的原则

先安抚、后处理的原则是指，在处理投诉时，首先要关注乘客的情感需求，通过同理心倾听和真诚的态度来安抚乘客的情绪，当乘客情绪稳定后，再进一步处理具体的事件和问题。

先安抚乘客至关重要。因为面对不满或困扰，乘客容易感到沮丧、愤怒或不安。直接解决问题可能因情绪波动导致沟通障碍，甚至冲突升级。因此，我们应先通过倾听、理解、诚恳致歉及展现关怀来安抚乘客，让他们感受到尊重与重视。这样做能有效稳定乘客情绪，为后续顺利解决问题营造良好氛围。

在安抚乘客的过程中，需要注意以下几点。

（1）倾听与理解。耐心倾听乘客的投诉内容，确保真正理解他们的困扰和需求。这有助于建立信任，并让乘客感受到被重视。

（2）表达歉意。对于乘客遇到的不便或问题，应诚恳地表达歉意。即使责任不完全在轨道交通方，也要体现出对乘客体验的重视。

（3）提供解决方案。在安抚乘客的同时，可以提供一些初步的解决方案或建议，让乘客感受到问题正在得到解决。

4. 包容乘客的原则

包容乘客原则是指，在投诉处理过程中，以理解和宽容的态度对待乘客，尊重他们的意见和感受，并致力寻找解决问题的最佳方式。

包容乘客的核心是善意的理解。当发现乘客的某些行为违反规定时，站务人员只需提醒乘客。站务人员要懂得体谅乘客，避免让乘客难堪。虽然乘客的投诉并不都是对的，但那种得理不让人的解决方法，必将造成双方的关系紧张而不利于问题的解决。包容乘客体现在如下方面。

（1）工作人员对乘客的投诉持开放和包容的态度。无论投诉的内容是什么，都应认真倾听并理解乘客的困扰和需求。在处理投诉时，避免指责或推诿，要从乘客的角度出发，思考问题的根源，并寻找解决方案。

（2）工作人员在处理投诉时保持耐心和善意。即使面对情绪激动或不满的乘客，也要保持冷静和理智，避免与乘客产生冲突或对立。通过友好、平和的沟通方式，努力缓解乘客的紧张情绪，并引导他们理性地表达问题和需求。

（3）尊重乘客的个体差异。不同的乘客可能有不同的需求和期望，也有不同的投诉方式和表达方式。工作人员应尊重这些差异，并根据乘客的特点和需求来灵活处理投诉。避免一刀切的处理方式，要根据具体情况制定个性化的解决方案。

（4）工作人员在处理投诉时，要重视与乘客的沟通和协作。处理投诉的过程不仅仅是解决眼前的问题，更重要的是借此机会与乘客建立信任，培养良好的关系。通过积极的沟通和协作，我们可以携手找到问题的最佳解决方案，从而实现共赢。

三、乘客投诉处理的步骤

乘客投诉是监督和提升服务行业水平的重要手段，是轨道交通企业提高运营服务质量、改进运营服务工作水平、树立轨道交通品牌的重要环节。为了不断地改进运营服务工作，提高运营服务质量，切实维护轨道交通企业的声誉，服务部门必须加强对投诉工作的管理。乘客投诉处理的步骤如下。

1. 用心倾听乘客诉求

为了深入了解乘客所提出的问题，接待者必须认真听取乘客的叙述，确保乘客感受到其问题被高度重视。为了缓解乘客的不满情绪，接待者应以同理心倾听投诉或抱怨，并用自己的语言复述这些内容。面对特别认真的乘客，接待者应在听取意见的同时做笔记，以此展现对乘客及其反馈问题的尊重与重视。

用心倾听的具体做法如下。

（1）当乘客到车站投诉时，工作人员应先请乘客坐下并及时给乘客倒水，表示对乘客的尊重。

（2）在乘客叙述的过程中，工作人员要用心倾听，让乘客发泄情绪。在倾听过程中，工作人员可以插入"我理解""我明白"这样的话来表达对乘客的重视与理解。

（3）不要轻易打断。如果有不明白的地方，工作人员要等乘客说完后，以婉转的方式请乘客提供情况，如"对不起，是不是可以再向您请教……"

（4）适当安抚乘客情绪，如"请您别着急""您先消消气"等。

倾听的目的是让乘客表达他们的想法，使他们感到被理解。这样，我们才能找到解决问题的方法。实际上，有些乘客只要能够表达出他们的不满，问题就能得到解决。如果工作人员的态度不佳，引起乘客对工作人员的不满，这是得不偿失的。

2. 对乘客表示歉意和同情

工作人员要让乘客明白自己非常关心他们的情况及提出的问题。如果乘客在讨论问题时态度严肃，工作人员应不时表达同情，例如说："我们非常抱歉，并将对此事负责。感谢您提供的宝贵意见。"

当乘客抱怨或投诉时，无论是否是工作人员的过错，都应真诚地向乘客道歉，并对乘客表示感谢。特别是在工作人员确有过失的情况下，应立即道歉，比如说："对不起，给您带来了不便。"这样可以增强乘客被重视的感觉。

真诚道歉要做到以下两点。

（1）适当地表达歉意，让乘客了解工作人员非常关心他的情况，"我们非常抱歉听到此事"。

（2）道歉要诚恳，如"对不起，耽误您的时间了"。

3. 协商解决问题

在听完乘客投诉之后，工作人员首先要清楚乘客投诉和抱怨的原因，了解乘客的想法，切忌在没有了解乘客想法之前就自作主张地直接提出解决方案。在协商解决时，不要推卸责任，不要指责或敷衍乘客，切不可与乘客发生冲突。

在明白乘客的想法后，工作人员要十分有礼貌地告知乘客将要采取的措施，并尽可能让乘客同意。如果乘客不知道或者是不同意这一处理决定，工作人员就不要盲目地采取行动。

在协商解决的过程中，工作人员不要推卸责任、极力辩解、指责乘客，而要做到以下几点。

（1）平复乘客的不满情绪，如"我很能理解您的想法"。

（2）主动提出建议和解决方法。如果是因为票卡（款）等问题，工作人员可以根据乘客的意见和表现出来的意思，结合实际情况提出措施；如果是因为对服务人员的态度不满，工作人员要考虑让服务人员本人道歉或由值班站长代替道歉等办法，平息乘客的怒气。

（3）耐心地解释地铁方面的相关规定。

（4）提出解决方案时，工作人员应语调平和、态度诚恳，不要再次引发乘客的不满情绪，如"这样处理，您看行吗？""我们这样办，您看合适吗？"

（5）在协商解决时，不要说"不"。如果工作人员用"我不能""我不会""我不应该"这样的话语，会让乘客感到工作人员不能帮助他。工作人员可以反过来这样说："我们能为您做的是……""我很愿意为您做……""我能帮您做……"这样，乘客的注意力就会集中在解决办法上。

4. 感激乘客提出批评意见

工作人员应感谢那些对轨道交通客运服务提出批评、建议和指导意见的乘客，因为这些批评、建议和指导性意见有利于企业提高管理水平和改善服务质量。对于乘客提出的问题和建议，工作人员要认真分析、及时回应，企业要制定相应的改进措施。

工作人员在感谢乘客时，可以说"谢谢您的配合""非常感谢您提出建议"，必要时可送乘客出站，让乘客感到自己受到重视，而不要怠慢乘客，自己先行离开，或让乘客自行离开。

感激乘客提出批评意见是提升轨道交通客运服务质量的重要途径。我们要以开放的心态接纳乘客的反馈，积极回应并改进问题，让乘客感受到我们的真诚和努力。只有这样，我们才能赢得乘客的信任和支持，推动轨道交通事业的持续发展。

5. 快速采取处理措施

当乘客完全同意工作人员所采取的处理措施时，应立即执行，避免任何拖延。

延误只会加剧乘客的不满。在此刻，高效率是对乘客最大的尊重；反之，则被视为对乘客的忽视。

快速采取措施就是对乘客最大的尊重。一方面，耽误时间有可能使乘客更加不满；另一方面，耽误时间还有可能使乘客改变主意，不同意先前已经协商好的解决措施。如果遇到被投诉的员工不在现场的情况，可以采用电话道歉、书面道歉等处理方式。

投诉处理不应仅限于客服部门，而应涉及所有与乘客服务相关的部门。因此，我们需要加强内部沟通，确保各部门之间能够迅速传递信息、共享资源，并协同解决问题。通过跨部门合作，我们可以更全面地了解乘客的需求和困扰，从而提出更有效的改进措施。

对于那些不能立即处理的投诉，工作人员应坦诚地告诉乘客正在办理，并应把处理过程中的相关情况及时向乘客反馈，让乘客了解他提出的问题正在解决。

四、乘客投诉案例分析

1. 因服务人员失误引起的投诉

某日，两位乘客从某地铁站持同一张票卡进站，当一名乘客持票卡进站以后，再由另一位乘客到起点站售票亭更新，当时起点站售票员没有问清乘客是多少人进站，便马上用窗口制票机（BOM）进行了进站更新。当这两名乘客到达终点站以后，其中一人无票出站被厅巡发现，厅巡指责乘客违章使用车票，令乘客不满。后来该乘客坚持不肯补票，称起点站可以允许其使用一张票两人进站。值班站长到达现场后，向其解释地铁方面的规章制度，乘客勉强愿意补全程车票，但对地铁告示、员工的指引表示不满意。

事件分析：

（1）起点站售票员对于乘客进站更新车票，没有了解和确认原因，让乘客一票多人进站，是导致乘客出站补票产生不满的主要原因。

（2）终点站厅巡语气使用不当，导致乘客产生反感。

（3）车站没有及时与起点站联系，做好沟通，避免再次出现此类问题。

技巧点评：

（1）员工应加强工作责任心，特别是储值票乘客持车票无法进站时，应确认乘客是否一票多人进站，及时提醒乘客注意。

（2）厅巡发现此情况时，应向乘客了解原因，对乘客做好票务政策的解释工作。

（3）值班站长要及时到场，向乘客解释，并向乘客道歉，因员工的疏忽给乘客带来不便时，希望乘客能够谅解。

2. 因乘客不了解地铁规定而引起的投诉

某日，在某车站，工作人员两次看见一名拾荒人员在地铁里拾荒，于是上前制止："以后不允许在车站里拾荒。"拾荒人员对该工作人员的态度非常不满，因此便在车站内寻衅滋事，声称车站的工作人员砸了他的饭碗，然后就坐在站台边上……

事件分析：

乘客不了解地铁方面的相关规章制度，而工作人员又态度强硬地进行制止，并没有给乘客做任何的解释，造成乘客不满。

技巧点评：

（1）在该案例中，工作人员的工作方式确实存在失误。在处理时，工作人员需要向乘客道歉，检讨其不合适的处理方式；同时，要向乘客耐心解释地铁方面的规章制度，避免再次发生纠纷。

（2）在发现乘客有违规行为后，工作人员一定要耐心地向乘客解释相关规定，而不是一味的强硬制止。

3. 因客运服务人员态度不好引起的投诉

某日，一名乘客在自动售票机（TVM）上购票，想去往某地铁站，后因有其他事情决定不去了，所以就到票亭退票。售票员通知车控室有退票后就继续办理其他乘客的业务，没有再理会该名乘客，乘客以为售票员没有听见，便拍着窗口玻璃说要退票，售票员见乘客拍玻璃，便不耐烦地说："不要拍玻璃，等一会就有人过来帮你办了。"说完继续办理其他业务。值班员到场后，为了不影响售票员办理其他业务，就开了票亭的另一个窗口对乘客说"到这边办"，乘客觉得售票员和值班员语言生硬、不耐烦、态度不好，就在退票后写了投诉信放在车站意见箱里。

事件分析：

（1）员工在得到乘客需要退票的信息后，没有及时回应，只是向车控室汇报，引起乘客误会是导致此次投诉的主要原因。

（2）在值班员到场处理前，售票员没有关注乘客的动态，导致乘客产生情绪拍打玻璃，售票员不但没有安抚乘客，反而不耐烦地回应乘客，这是引起投诉的次要原因。

（3）售票员对乘客言语生硬，服务欠热情主动，没有使用文明用语，而且在乘客表现不耐烦的情绪，即做出拍玻璃这种动作时，没有发现这是乘客已经表示不满的信号，没有及时做出补救措施，通知值班站长到场处理。

（4）客运值班员到票厅办理退票时，服务欠主动，没有使用文明用语，没有及时察觉到乘客的不满。

技巧点评：

（1）员工应该重视乘客，在通知车控室后，应礼貌地请乘客稍等，将因为需要另一位员工配合才可以退票的规定告知乘客。

（2）在值班员到场前，也要不断关注乘客的动态，发现乘客已经等候不耐烦或等候时间较长时，应再次通知客运值班员尽快到场办理，并向乘客示意已经催促了，很快就到。

（3）如等候时间较长的，客运值班员到场后应向乘客道歉再继续为其办理退票业务，运用文明服务用语，可以有效减少投诉的发生。

4. 因服务人员的服务技巧不足引起的投诉

某日，B端票亭前有8位乘客排队充值，付费区有4位乘客出不了站，售票员正常为付费区的乘客补票更新，正准备为非付费区的乘客充值时，有两位进不了站的外地乘客递进车票要求更新。这时，充值的乘客意见很大，其中排在第一位的乘客大声说："有没有搞错，我排了这么长时间还没有给我充值，你是怎么服务的？你的工号多少，我要投诉你！"售票员急忙对乘客解释："先生，不好意思，我们规定要先为出不了站的乘客服务，然后再为你们服务，我会马上为你服务的。"乘客不听解释，直接说："请你告诉我投诉电话号码。"售票员说："先生，请你稍等，我叫车站负责人过来为你解决，好吗？"这时客运值班员经过票亭，听了售票员描述情况后，对乘客说："先生，售票员没有做错，他是按照程序服务的。"乘客对这样的解释不满意，打电话向服务总台投诉。

事件分析：

（1）售票员在为付费区内的乘客处理事务时，没有顾及非付费区的乘客，排队超过8个人以上，没有及时通知车控室安排，增加人员协助。

（2）乘客对售票员的服务不满而提出投诉时，售票员没有采取措施，只是为自己的行为解释。

（3）客运值班员到现场后，只是听售票员的解释，还没等乘客讲述事情经过便急着向乘客解释售票员的行为是对的，没有接受乘客的建议和投诉。

（4）客运值班员漠视乘客的抱怨，没有从乘客的角度思考问题，没有耐心倾听乘客的投诉。

（5）在乘客对处理结果不满意时，没有及时通知值班站长到现场解决。

技巧点评：

（1）售票员向乘客解释的同时，应及时通知车控室加派人员到票亭协助办理付费区的乘客事务，请充值的乘客稍等，尽量取得乘客的理解。

（2）客运值班员到场后，应该迅速帮助售票员处理付费区乘客的车票问题，再向有意见的乘客耐心解释，并虚心接受乘客提出的意见。

（3）客运值班员不能直接指出当事员工没有错，而应委婉地向乘客解释，给乘客一个台阶下。

【课堂练习 8.1】

乘客投诉情景模拟

以某一个乘客投诉案例为主题，以小组为单位进行情景模拟训练。

模拟岗位：乘客、站务员、值班员、值班站长等。

模拟场景：书中投诉案例，或自行寻找新的乘客投诉案例。

情景模拟规则：

（1）以小组为单位，每组 4~6 人。

（2）每个成员分别扮演情景中的一个角色。

（3）情景模拟时，应尽量真实，可以制作一些简单的道具。

（4）情景模拟时，要体现乘客投诉的解决过程。

情景模拟后，讨论以下内容：

（1）哪一组同学表现得更好？

（2）通过情景模拟，谈一谈处理投诉时的心得。

（3）如何改进服务才能避免或减少乘客投诉？

素质篇：
做一名优秀的城轨客运服务人员

【篇章导航】

城市轨道交通客运服务人员是集技术性、专业性、服务性于一身的综合性职业。作为一名优秀的客运服务人员，不仅要注重自身的仪容仪表、举止言行，还应熟悉客运服务中的服务标准，掌握相应的乘客服务技巧，同时具有良好的心理素质。只有高素质的服务人员才能为乘客提供高质量的客运服务。

【篇章目标】

- ◆ 重视自我职业素质的提升
- ◆ 重视自我心理素质的提升

【篇章内容】

- ◆ 第九章　城轨客运服务人员的职业素质
- ◆ 第十章　城轨客运服务人员的心理素质

第九章　城轨客运服务人员的职业素质

【知识目标】

◇ 掌握职业道德与职业守则的概念
◇ 了解城轨客运服务人员的职业守则
◇ 了解城轨客运服务人员的服务规范
◇ 了解城轨客运服务人员的用语规范

【能力目标】

◇ 能够提升自身服务素养
◇ 能够提升城轨客运服务技巧与能力

【关键概念】

◇ 职业道德、职业守则、服务规范、用语规范

【知识框架】

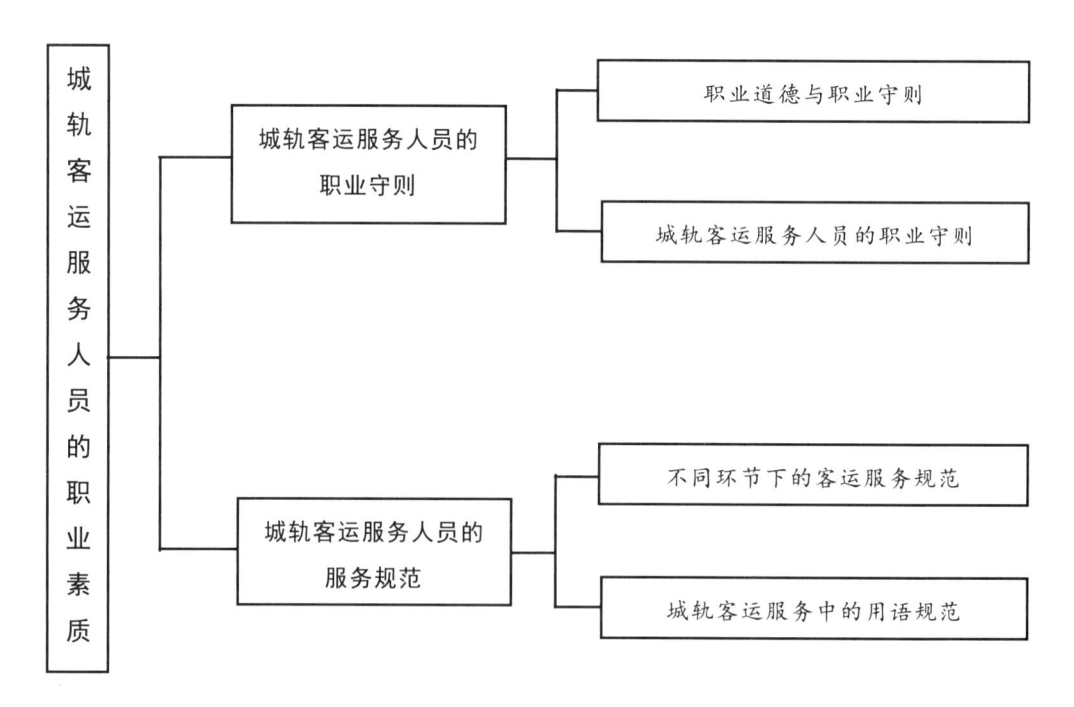

图 9.1　第九章知识框架图

第一节　城轨客运服务人员的职业守则

一、职业道德与职业守则

职业道德（Professional Ethics）是指从事一定职业的人在职业生活中应当遵循的具有职业特征的道德要求和行为准则。每个职业都有属于自身的职业道德，比如医生的工作关系到人的健康和生命，因此，医生在职业活动中，不仅要在医术上逐渐达到精良，而且面对患者时还要态度和蔼，具有高度的责任感和高尚的道德情操，这样才能成为德才兼备的医学人才，才能担负起"救死扶伤，治病救人"的光荣使命。虽然不同行业或职业的职业道德可能有所不同，但都强调诚信、公正、责任和服务等核心价值观。

职业守则（Professional Code of Conduct）是指在特定职业内从业人员需要遵守的基本行为规范和道德准则。职业守则是职业道德的具体化和制度化体现，为从业者提供了明确的行为指南和道德标准。相比于职业道德，职业守则更侧重于对从业者具体工作行为的规范和约束，如工作流程、操作规范、安全要求等。职业守则通常由行业协会或专业组织制定，旨在确保从业者行为符合职业道德和社会期望，维护行业声誉和公众利益。它规定了从业者在从事工作时应该遵循的原则和规定，以维护职业形象，规范职业行为，提高职业水平。职业守则对应了某个特定职业，因而每个职业的守则均有所不同。

【拓展阅读9.1】

新时代公民道德建设实施纲要

《新时代公民道德建设实施纲要》是中共中央、国务院为加强公民道德建设、提高全社会道德水平所发布的重要政策文件，为全面推进社会公德、职业道德、家庭美德、个人品德建设均提出了明确要求，具体如下：

社会公德：文明礼貌、助人为乐、爱护公物、保护环境、遵纪守法，鼓励人们在社会上做一个好公民。

职业道德：爱岗敬业、诚实守信、办事公道、热情服务、奉献社会，鼓励人们在工作中做一个好建设者。

家庭美德：尊老爱幼、男女平等、夫妻和睦、勤俭持家、邻里互助，鼓励人们在家庭里做一个好成员。

个人品德：爱国奉献、明礼遵规、勤劳善良、宽厚正直、自强自律，鼓励人们在日常生活中养成好品行。

《纲要》的发布与实施对于推动社会文明进步、弘扬社会主义核心价值观、提升公民道德素质、促进人的全面发展以及增强国家文化软实力等方面都具有重要意义。

二、城轨客运服务人员的职业守则

城市轨道交通客运服务人员的职业守则是他们在从事城市轨道交通客运服务工作时应遵循的基本行为规范和道德准则。根据我国人力资源和社会保障部与交通运输部颁布的《城市轨道交通服务员国家职业技能标准》相关规定，城市轨道交通服务员的职业守则如下：

（1）遵纪守法，爱岗敬业。

（2）严守规章，规范操作。

（3）爱护设备，安全生产。

（4）文明作业，团结协作。

（5）钻研业务，开拓创新。

城市轨道交通服务员的职业守则涵盖了安全、诚信、敬业、团结和文明等多个方面，他们需要在日常工作中践行这些道德规范，为乘客提供安全、舒适、便捷的出行体验。

1. 遵纪守法，爱岗敬业

（1）遵纪守法。

"遵纪守法"指遵守国家的法律法规和规章制度，不违法乱纪，不做损害社会公共利益和他人权益的事情。

城市轨道交通服务员必须严格遵守国家和地方的交通法规，以及轨道交通公司的各项规章制度。在工作中，客运服务人员需要时刻关注乘客的安全，确保站台秩序井然，防止任何可能危害公共安全的行为发生。此外，他们还需要保护轨道交通设施，防止其遭到损坏或滥用。

（2）爱岗敬业。

"爱岗敬业"指对自己的工作充满热情和热爱，尽职尽责地完成工作任务，不断提高自己的专业技能和业务水平。

客运服务人员的工作直接关系到乘客的出行体验和轨道交通的运行效率。因此，他们需要对自己的工作充满热情和热爱，时刻保持专业的工作态度，为乘客提供优质的服务。总之，"遵纪守法，爱岗敬业"不仅是职业道德的要求，也是确保轨道交通安全、顺畅运行的重要保障。

2. 严守规章，规范操作

（1）严守规章。

"严守规章"指严格遵守轨道交通公司的各项规章制度和操作流程。

这些规章和流程是轨道交通系统正常运行和乘客安全的重要保障。客运服务人员需要时刻牢记这些规定，确保自己的行为符合规范，不出现任何违规操作或疏忽。

（2）规范操作。

"规范操作"指客运服务人员在工作中遵循标准化和规范化的要求。轨道交通系统复杂且涉及多个环节与部门，因此，作为其中一部分的客运服务人员需根据既定流程及标准执行任务，以保证工作的准确度与效率。具体来说，在引导乘客进出站、售票、检票以及应对突发事件时，都应严格遵循明确的操作步骤和规范。

"严守规章，规范操作"是轨道客运服务人员的基本工作准则。只有严格遵守规章制度，规范执行操作流程，才能确保轨道交通的安全和顺畅运行，为乘客提供优质的服务。这也体现了轨道客运服务人员对职业的敬重和对乘客的责任。

3. 爱护设备、安全生产

（1）爱护设备。

"爱护设备"是指客运服务人员需要像对待自己的财物一样对待轨道交通的各种设备。这些设备是轨道交通运营的基础，它们的良好状态是确保列车准时、安全运行的关键。客运服务人员在日常工作中，应该定期检查设备的运行状态，及时发现并报告潜在的问题。此外，他们还需要正确使用这些设备，避免因为误操作或疏忽导致设备损坏。

（2）安全生产。

"安全生产"指应保障乘客和工作人员的人身安全，维护轨道交通系统的稳定运行。

安全生产是客运服务人员工作的核心目标，轨道交通是一个高风险的行业，任何小的疏忽都可能导致严重的后果。因此，客运服务人员需要时刻保持高度的警惕，确保自己的行为符合安全规范。他们需要定期参加安全培训，增强自己的安全意识和应对突发情况的能力。在工作中，客运服务人员还需要密切关注乘客的行为，及时制止任何可能危害公共安全的行为。

"爱护设备，安全生产"是客运服务人员的重要工作准则之一，只有做到这两点，才能确保轨道交通的正常运营和乘客的安全出行。这也体现了客运服务人员对职业的敬重和对社会的责任。

4. 文明作业、团结协作

（1）文明作业。

"文明作业"是指客运服务人员在工作中应保持文明礼貌的态度和行为。

客运服务人员是轨道交通服务的重要窗口，他们的言行举止直接影响着乘客的出行体验和轨道交通的形象。因此，客运服务人员需要时刻注意自己的仪表仪态，保持整洁、得体的着装和亲切、热情的服务态度。在与乘客交流时，要使用文明用语，耐心解答乘客的疑问，提供准确、及时的信息和帮助。同时，客运服务人员还需要遵守工作场所的秩序和卫生规定，保持工作环境的整洁和舒适。

（2）团结协作。

"团结协作"是指客运服务人员在工作期间应密切合作和协同工作。

轨道交通是一个复杂的系统，需要各部门及环节之间的紧密配合，才能确保其正常运营。客运服务人员作为其中的一员，需要与同事保持良好的沟通和协作关系，共同应对工作中的挑战和问题。在工作中，客运服务人员要相互支持、互相帮助，共同为乘客提供优质的服务。同时，他们还需要积极参与团队协作活动，增强团队凝聚力和向心力。

5. 钻研业务，开拓创新

（1）钻研业务。

"钻研业务"是指客运服务人员需要不断学习和深化对轨道交通专业知识的理解，提升自身的专业能力。

轨道交通行业技术更新迅速，新的设备、技术和服务理念不断涌现。客运服务人员要保持对专业知识的渴望，通过参加培训、阅读相关书籍和资料、与同行交流等方式，不断拓宽自己的知识面，提升业务水平。只有对业务知识有深入的了解和掌握，才能更好地应对工作中的挑战，为乘客提供更加准确、高效的服务。

（2）开拓创新。

"开拓创新"是指客运服务人员在工作中应勇于尝试新的方法和思路。

轨道交通服务是一个充满竞争和创新的领域，乘客的需求和期望也在不断变化。客运服务人员要敏锐地捕捉市场动态和乘客需求的变化，积极寻找改进和创新的机会。他们可以通过提出新的服务理念、优化工作流程、改进设备设施等方式，提升轨道交通服务的品质和效率。同时，客运服务人员还需要具备敢于尝试和接受失败的勇气，因为创新总是伴随着风险和挑战。

"钻研业务，开拓创新"是客运服务人员职业发展的重要驱动力。只有不断学习和深化业务知识，勇于尝试和创新，客运服务人员才能不断提升自己的职业素养和综合能力，为轨道交通服务的不断进步做出贡献。

【拓展阅读9.2】

广州8名地铁员工利用羊城通系统漏洞非法获利

"羊城通"是广州市公交车电子收费系统，是一种电子钱包，广州市民日常生活离不开羊城通卡。然而广州地铁公司8名值班员通过大肆搜罗百多张羊城通卡，反复非法充值25万余元，然后到各大超市疯狂消费并勾结他人销赃，甚至将非法充值的羊城通打折出售。

2004年8月23日，一羊城通用户持7张余额均在400元以上的羊城通卡到羊城通公司客户服务中心要求退卡。在办理退卡手续的过程中，工作人员发现该批票卡的余额都与后台数据不相符。经过查询和分析，羊城通公司发现自2004年2月1日以来，先后有100多张羊城通卡在地铁市二宫等站发生异常充值，之后还在家乐福、好又多等地消费，且这批卡仍在使用中。羊城通公司感到事态严重，于2004年9月23日报案。

经过公安机关的全力侦查，事情终于真相大白：羊城通在地铁站票亭里充值成功后，数据要几秒钟的时间才能传到羊城通公司的数据库里。有人利用这个时间空当，强行断电或者中途抽卡，阻止数据上传到羊城通公司的数据库里，这样羊城通卡里充进了钱，但数据库里没有相应的记录。持卡人就可以拿这些凭空"变"出来的钱大肆消费了！

2004年10月26日至11月17日，先后有9名涉及此案的犯罪嫌疑人被刑事拘留，其中有8名是广州地铁公司的值班员！

——引自《新快报》

课堂讨论：

想一想，此案例给轨道交通客运服务人员有什么启示？

（1）_____

（2）_____

（3）_____

第二节 城轨客运服务人员的服务规范

城市轨道交通客运服务人员是集技术性、专业性、服务性于一身的综合性职业，作为一名合格的客运服务人员，不光要注重自身的仪容仪表、举止言行，还应熟悉客运服务的服务规范，提升自身的服务技巧。

一、不同环节下的客运服务规范

从轨道交通客运服务全过程进行分析，乘客出行过程包括进站、购票、进闸、候车、乘车、下车、出闸、出站八个步骤，客运服务人员应保证每一个环节的服务质量，满足乘客的各项服务需求，为乘客提供安全、舒适、便捷的出行体验。

各个环节的服务规范分别如下。

1. 进站环节的服务规范

乘客进站时，轨道交通客运服务人员需要对乘客及其携带的物品进行安全检查，确保乘客没有携带违禁品进站，维护好轨道交通的安全，并在乘客不便时为其提供一定的协助。

具体的服务规范如表 9.1 所示。

2. 购票环节的服务规范

乘客购票时，轨道交通客运服务人员应快速、准确地为乘客办理购票、储值、退票等业务，维护好购票秩序，避免拥挤和混乱，并及时处理各种票务异常情况。

具体的服务规范如表 9.2 所示。

表 9.1 进站环节的服务规范

服务项目	服务规范
乘客正常进站	（1）确认本站各出入口的地面导向标识指引清晰、正确，能正确地指引乘客找到地铁进站口，若地面导向标识损坏，指示错误或不明晰，车站工作人员应及时放置临时标志并通过运营日况、书面报告、口头报告等形式报到站务室。 （2）确认出入口公告栏信息（票价、时刻表等）、地下导向标识的指引正确，若有误，按第一点的处理方式处理。 （3）确保通道、站厅卫生清洁，无杂物、纸屑，无积水，若发现地面不清洁或有积水，立即通知保洁处理，并在有积水处放置"小心地滑"的告示牌。 （4）有乘客询问如何乘车或厅巡在巡视时发现有不明确乘车程序的乘客，应主动耐心地上前询问："您好，请问有什么可以帮您？"
乘客携带大件行李进站	（1）将物品度量器摆放在进、出闸机明显的地方，有利于工作人员进行测量和乘客识别。 （2）当乘客携带超长、超重的行李时，向乘客解释："对不起，您不能携带超长（超重）的物品进站，请您改乘其他交通工具。" （3）必要时，厅巡协助乘客将所携带的但在规定范围内的大件行李带进站。
乘客携带气球、宠物进站	厅巡应及时制止，并向乘客解释："对不起，为了您的安全（保持车站的环境），请不要携带气球（宠物）乘车，多谢合作。"
乘客携带易燃、易爆等危险品进站	（1）厅巡应及时劝阻，并向乘客表明："对不起，为了您和他人的安全，严禁携带危险、管制物品进站，请随我到地铁公安值班室进行处置。" （2）带领乘客到地铁公安值班室。
乘客乱扔乱吐	（1）厅巡应及时制止，并解释："对不起，按照市政府规定，在公共场所乱扔乱吐，您将被处以罚款，请您下次注意。" （2）厅巡立即通知保洁进行清扫，不得影响车站的环境。

表 9.2 购票环节的服务规范

服务项目	服务规范
乘客询问	（1）当乘客询问如何购票时，车站工作人员应耐心回答："如果您需要买单程票，请到自动售票机处购买；如果您需要买储值票，可直接在售票问讯处购买。" （2）厅巡应积极主动地为重点乘客提供服务。
购票设备出现故障	（1）当乘客使用的自动售票机（TVM）等设备不正常时，厅巡应该立即挂"暂停服务"牌，并请乘客使用另一部机器。 （2）报车站控制室设备故障，及时通知相关人员维修。
乘客购买储值票	（1）售票员严格执行"一收、二唱、三操作、四找"的程序，并且提醒乘客："请看显示器显示是否为××元的车票。"确认无误后，说："找您××元，一张××元的车票。" （2）乘客充值时，售票员操作完毕后应说："请核对一下显示器所显示的数额是否与您刚才的充值额相符。"
乘客售票时排起长队	（1）排队超过 8 人时，请示值班站长加人实施双人售票，或者加设临时售票处。 （2）在出售及分析车票时尽可能使用功能键，使操作准确而快捷。
找不开零钱	（1）售票员应有礼貌地询问乘客："请问您有零钱吗？"或者说："对不起，这里的零钱刚刚找完，请您稍等，我们马上备好零钱或麻烦您到对面售票问讯处或银行去兑换。"
硬币不足	（1）向乘客耐心解释："对不起，这里的硬币刚好兑换完了，麻烦您到对面售票问讯处或银行兑换硬币。" （2）立即通知客运值班员增配硬币。
乘客不排队兑零、购票	售票员应该礼貌地向乘客指出应该排队等候购票，不给予其超前办理。
乘客支付假币	（1）售票员发现乘客使用假钞，应耐心向乘客解释："您这张是假币，不能使用，请您另外换一张人民币。" （2）如解释仍无效，可报告值班站长或请求地铁公安出面处理。 （3）若遇到面值较大或数量较多的假币，应立即报告值班站长或请求地铁公安出面处理。
因票款不符而与乘客产生纠纷	（1）车站工作人员向乘客解释："对不起，我们的票款是当面点清的，请您再确认一下，您的票款是否正确，如果确实有误，我们立即进行封窗查票。" （2）乘客认为票款确实有误时，值班员以上人员立即进行封窗查票，若查出售票员长款，车站员工应马上把钱退还给乘客，并向乘客解释："对不起，由于我们工作疏忽给您带来的不便，希望您能谅解，我们一定会避免再次发生这类事件。"若售票员的票款吻合，工作人员要耐心向乘客解释，做好安抚工作："对不起，经我们查实，售票员的票款没有差错，请您谅解。"若乘客故意为难员工，可找地铁公安配合处理。
乘客卡币处理	（1）检查设备状态，如显示卡币，则按规定办理。 （2）如显示正常，则先由厅巡模拟购票给乘客看，若卡币，即按规定为乘客办理；若无卡币，向乘客解释："对不起，经我们核查，目前机器没有出现故障，按我公司的票务政策规定，我们不能为您办理，请您谅解和合作！"

3. 进闸环节的服务规范

乘客进闸时，轨道交通客运服务人员应维护好进闸区域的秩序，避免乘客拥挤、插队或推搡等行为，确保每位乘客都能够有序进闸，对于一些有困难的乘客，工作人员应给予特别关注，提供必要的协助和照顾。

具体的服务规范如表9.3所示。

表9.3 进闸环节的服务规范

服务项目	服务规范
乘客正常进闸	（1）对第一次使用车票进闸的乘客，特别是老年乘客，厅巡要协助他们使用车票。 （2）携带了大件行李而不便进闸的乘客，要为该乘客打开通道门进站，并告诉乘客保管好车票。
乘客逃票、违规使用车票	（1）发现无票的超高小孩或故意逃票的成年人，应马上上前劝阻，并要求其重新到售票问讯处买票："对不起，您超过了规定的高度（或您好，成年人应该买票），请您购票，并配合我们的工作。" （2）若发现违规使用车票的乘客（特别是成人使用学生票、年轻人使用老人免费票或老人半价票等有意逃票的行为），可按规定处以罚款，必要时找地铁公安配合。
乘客进闸时正在饮食	厅巡应该马上制止，并向乘客解释："为了保持车站及车厢的卫生，请勿在进入车站后饮食，谢谢合作！"
乘客乘坐扶梯	乘客进闸后乘坐扶梯到达站台，通过扶梯扶手处张贴的宣传画、乘梯守则和站厅广播等向乘客宣传"请您靠右侧站稳"，车站员工要加强引导。
残疾乘客下楼	车站厅巡、保安及时安排并帮助残疾乘客乘坐垂直电梯。
老年乘客坚持乘扶梯而拒绝走楼梯	（1）进闸后，劝老人走楼梯或在家人陪同下到站台，或由厅巡陪同老人一起下楼梯，送至站台。 （2）利用广播宣传"行动不便的人士乘坐扶梯请由家人陪同。"
乘客摔伤	（1）发现乘客摔伤，车站工作人员立即搀扶其到车站控制室，若乘客伤势严重，立即报"120"；若伤势较轻，可由车站提供外伤的药品。 （2）立即寻找目击证人。若是地铁公司原因造成乘客摔伤，应通知保险公司，并按地铁公司有关规定处理；若是乘客个人原因造成，则应安抚乘客，提醒其注意安全，必要时通知其家人。

4. 候车环节的服务规范

乘客候车时，轨道交通客运服务人员应提醒乘客按秩序候车，避免发生拥挤或混乱。对于不遵守候车秩序的行为，工作人员应及时进行劝导和纠正，对于老年人、残疾人、孕妇等特殊群体，工作人员应给予特别关注。

具体的服务规范如表9.4所示。

表9.4 候车环节的服务规范

服务项目	服务规范
确保乘客候车的良好环境	确保站台卫生清洁，无杂物、纸屑，无积水，发现站台不清洁或有积水，立即通知保洁处理，并在有积水处放置"小心地滑"的告示牌。
乘客候车时吸烟	发现有乘客吸烟，应立即制止，并有礼貌地解释："对不起，为了您和他人的安全，地铁站不允许吸烟，请您灭掉烟头，谢谢合作！"
小孩在站内追跑	站内员工应特别提醒家长带好自己的小孩，不要让他们随意在站台上奔跑，及时上前制止正在追逐打闹的小朋友，用人工广播强调："地面很滑，容易摔跤，请家长带好小孩，不要在站内追逐、打闹、奔跑。"
站台有老人、精神异常等特殊乘客	（1）发现有老人、小孩候车，应重点留意并指引他们到座位上等候。 （2）发现有精神异常的乘客，立即通知车站控制室处理，并重点留意他们的动态，同时加强维持站台的秩序。 （3）发现有身体不适的乘客，应主动上前询问情况，并指引他们到座椅上休息，若乘客不适感加重，立即通知车站控制室处理。
乘客有物品掉下轨道	（1）站台岗员工应立即提醒乘客注意安全，并安抚乘客："请放心，我们的工作人员会尽快为您拾回物品。" （2）站台岗员工用对讲机通知车站控制室处理。
列车晚点，耽误乘客时间	（1）列车晚点3分钟以上，值班站长应立即采取措施，通知各岗位列车晚点，做好对乘客的解释工作。 （2）按列车故障、晚点规定，在车站计算机系统（SC）上设置列车故障模式。 （3）播放标准广播，向乘客宣传相关票务政策，为乘客提供全面的服务，让乘客满意。

5. 乘车环节的服务规范

乘客乘车时，轨道客运服务人员应密切关注乘客动态，确保乘客有序乘车，避免发生跌倒、碰撞等意外情况。对于老年人、残疾人、孕妇等特殊群体，工作人员应给予特别关注，协助其搬运行李、引导其优先上车等。

具体的服务规范如表9.5所示。

6. 下车环节的服务规范

乘客下车时，轨道交通客运服务人员应密切关注列车的停靠情况和乘客的下车动态，确保乘客能够安全、有序地离开车厢。对于老年人、残疾人、孕妇等特殊群体，工作人员应给予特别关注，协助其搬运行李、引导其下车等。

具体的服务规范如表 9.6 所示。

表 9.5　乘车环节的服务规范

服务项目	服务规范
列车进站	列车进站时，站台岗员工应提醒乘客按秩序候车，并提醒乘客："列车即将进站，请您注意安全，往后站。"
乘客正常上车	站台岗员工通过人工广播或站台广播向乘客宣传："上车时，请小心站台与列车之间的空隙，请不要拥挤，请依次排队上车。在车门即将关闭时，请不要强行上车，以防被车门、屏蔽门夹伤，没有坐上本次列车的乘客请耐心等待下一趟车。"
高峰时段乘客上车	（1）站台岗员工提醒乘客现在是乘车高峰时段，请乘客分散车门上车，不要拥挤，不要抢上抢下，有序上下车。 （2）对无法上车的乘客，站台岗员工应保证其排队秩序，提醒乘客不要冲撞屏蔽门，耐心等待下次列车："请您让开车门、先下后上，上不去的乘客请您等候下次列车，谢谢合作。"
列车离站	站台岗员工通过人工广播或站台广播向乘客宣传："请上车的乘客往车厢中部走，不要在车门处停留，谢谢合作。"

表 9.6　下车环节的服务规范

服务项目	服务规范
乘客正常下车	（1）站台岗员工通过人工广播或站台广播向乘客宣传："乘客下车时，请小心站台与列车之间的空隙，车门即将关闭时，请不要强行下车，谨防被车门夹伤。" （2）对下车的老人和小孩，用广播宣传："请老人、小孩走楼梯或由家人陪同乘坐扶梯。"
乘客乘坐扶梯	乘客下车后乘坐电梯到达站厅，通过电梯扶手处张贴的宣传画、乘电梯守则和站厅广播等向乘客宣传"请您靠右侧站稳。"
有需要帮助人士上楼	车站厅巡、保安及时安排并帮助需要帮助的人士乘坐垂直电梯。
乘客下车后逗留在站台	站台岗员工注意下车乘客的动态，若发现有逗留在站台不出站的乘客，应主动上前询问情况，礼貌地告诉乘客不要在车站逗留，应该尽快出站。

7. 出闸环节的服务规范

乘客出闸时，轨道交通客运服务人员应维护出闸区域的秩序，避免乘客拥挤、插队或推搡等行为，确保每位乘客都能够有序出闸。对于乘客不遵守秩序的行为，工作人员应及时进行劝导和纠正；对有困难的乘客，工作人员应给予特别关注，提供必要的协助和照顾,确保他们能够安全、顺利地出闸。

具体的服务规范如表9.7所示。

表9.7 出闸环节的服务规范

服务项目	服务规范
组织乘客出站	厅巡加强对出站闸机的巡视,并通过人工广播的形式向乘客进行"关于单程票回收和一张票只能供一人通过闸机"的宣传。
乘客逃票、违规使用车票	(1)发现无票的超高小孩或故意逃票的成年人,应马上上前制止,解释:"对不起,您超过了规定的高度(或您好,成年人应该买票),请您补票,并配合我们的工作。" (2)乘客态度不好且不愿补票,应耐心地向他们解释公司的票务政策;若乘客故意为难工作人员,可找地铁公安配合。 (3)发现违规使用车票的乘客(特别是成人使用学生票、年轻人使用老人免费票或老人半价票等有意逃票的行为),可按执法程序执法,必要时找地铁公安配合。
携带大件物品的乘客	对携带大件物品且不便出闸的乘客,厅巡应马上为乘客打开员工通道门,对已买行李票的乘客,厅巡应收回车票,并将车票放入出站闸机回收。
乘客卡票	(1)在车站AFC计算机或到现场查看闸机状态,发现确实卡票,可按照规定办理。 (2)找到车票后,向乘客询问有关车票的信息,确认车票是否为该乘客的,并做好相应的解释工作。 (3)若车站AFC计算机无报警,打开闸机时也没找到车票,请维修人员到现场确认,情况属实,则对乘客做好解释工作。
乘客手持车票出不了站	(1)厅巡发现出不了站的乘客后,及时赶到现场,请乘客到售票问讯处的补票窗口办理。 (2)对乘客做好解释工作:"对不起,您的车票已超乘,请按规定补交超乘车费××元。"或者"对不起,您的车票已超时,按规定须补全程款。"或者"对不起,您的车票有问题,我现在为您办理。"
售票员处理需要补票的事宜	(1)当付费区与非付费区均有人时,应对乘客做好解释工作,向其中一边的乘客解释:"请稍等,待会帮您处理。" (2)车票分析后,通过显示器告诉乘客,需要补票或者车票过期等信息。

8. 出站环节的服务规范

乘客出站时,轨道交通客运服务人员应确保出站通道畅通无阻,留意是否有乘客在出站过程中遇到困难或需要帮助。对于不熟悉车站环境的乘客,应为其提供明确的出站指引，确保每位乘客都能安全、顺利地出站。

具体的服务规范如表 9.8 所示。

表 9.8 出站环节的服务规范

服务项目	服务规范
乘客正常出站	（1）确认站厅的出入口导向牌等标志信息正确、完整，若导向标志损坏，或指示出错，车站员工应及时通过运营日况、书面报告、口头报告等形式报到站务室。 （2）若乘客不确定自己出站的方向，车站员工应给予主动、热情的指引，不能欺骗或敷衍乘客。
乘客在地铁站逗留	厅巡及时发现有乘客在地铁站逗留时间较长不出站，或坐在站厅的地上时，应及时问清乘客逗留的原因，礼貌地请乘客不要坐在站厅地面，请乘客尽快出站，以免影响车站的正常客运。
乘客有投诉倾向	采用"易人、易地、易性"的方式，耐心地做好乘客解释工作。寻求最佳的处理时机，避免投诉事件的发生。

【拓展阅读 9.3】

客运服务案例 1

某日上午 10 点左右，某地铁站的一名男性乘客带着一个小孩在自助售票机（TVM）上购票。厅巡发现小孩手上拿着气球，于是主动上前对乘客说："先生，您好！为了您和他人的安全，请不要带气球进站！"男性乘客有点不满地说："为什么不可以，气球碍你什么事了？"并指责厅巡有意为难他，厅巡耐心向乘客解释，但乘客坚持乘车是他的权利，谁也无权阻止他，厅巡没有办法只有通知值班站长处理。

值班站长接报后马上赶到站厅，在了解情况后，对乘客说："对不起，先生！为了您和他人的安全，按规定我们确实不能让您进站乘车！"乘客听后更加不满地说："这是哪门子的规定，这种规定不合理，没有充分为乘客着想，"还说："人民出这么多的钱建地铁，却没有真正享受地铁带来的方便。"于是值班站长耐心地向其解释："气球是易爆品，如果携带进站可能会危及其他乘客的安全，要不把气球的气给放了再带进站乘车，好吗？"乘客开始不同意，最后，通过值班站长耐心地解释，乘客终于同意将气球放气后进站乘车。

事件分析：

（一）厅巡能够及时发现并阻止乘客携带气球进站，而且耐心地向乘客解释，在处理不了的情况下，及时向值班站长汇报。

（二）在与乘客沟通时能恰当使用文明用语。

（三）值班站长能灵活运用服务技巧，在刚开始接触乘客时，先解释车站的规定，降低乘客的期望值，再向乘客提出放气可进站的建议，最后再设法使乘客消气，同时接受车站提出的建议。

技巧点评：

（一）态度强硬、固执的乘客总是有的，工作人员应该有足够的耐心。

（二）当我们向乘客提出问题的解决方案时，也可以让乘客了解到他的做法使我们很为难，但是不能埋怨乘客，而是与乘客一起商量最佳解决方案，结果令双方满意。

（三）处理为难事件时，为使乘客接受你的提议，可以先指出乘客的做法是不恰当的，然后提出处理问题的建议，如果乘客不接受再共同讨论其他方法，最终找出令双方均满意的方案。

二、城轨客运服务中的用语规范

1. 常规服务用语规范

轨道交通客运服务中的用语规范是确保乘客得到尊重和高效服务的重要方面，是为乘客提供更加优质、高效的服务的基本要求。

以下是一些常规情况下的用语规范：

（1）使用普通话，服务语言表达规范准确，口齿清晰，亲切和蔼，语言文明，音量适中。

（2）为乘客提供服务时，应来有迎声、问有答声、走有送声。

（3）对乘客的称呼应礼貌得体，使用"先生""女士""老先生""小朋友"等。如得知乘客姓氏时，应称呼"×先生""×女士"等。

（4）熟练使用"请""您""您好""对不起""谢谢""再见"等文明用语，以表示对乘客的尊敬。不得称呼乘客为"你"。

（5）与乘客对话前，应主动说："您好。"视具体情况与乘客继续对话，如：

① 乘客问询时："请问您需要什么帮助？"

② 需要乘客等候时："请稍候。"

③ 劝阻乘客时："请您不要……"

④ 需要乘客配合时："请您……，谢谢合作。"

⑤ 需要乘客谅解时："对不起，……"

（6）向乘客解释时，应简明易懂、语义明确。

（7）对话时音量适宜，使乘客听清。遇环境嘈杂时，应适当靠近乘客，使用与环境相适合的音量。

（8）车站、车厢进行广播时，语言规范、语句简练、吐字清晰，语速适中、音量适宜，语气不得急促、生硬。

（9）车站客运服务人员应掌握满足岗位要求的手语，并规范使用。

（10）车站客运服务人员应掌握地铁实用英语，并达到基本英语会话水平。

（11）不应有的说话方式及内容：

① 口齿不清，语言含糊，使用过于专业的术语，令人难以理解。

② 语速过慢，使人感觉烦闷或慵懒倦怠；语速过快，使人思维无法跟上。

③ 远距离对乘客大声喧哗，声音使人感觉粗俗刺耳。

④ 说出有伤乘客自尊心，教训、埋怨、挖苦甚至呵斥乘客的话。

⑤ 与乘客嬉笑玩闹，对乘客评头论足。

⑥ 打断乘客讲话，不给乘客说话的机会。

⑦ 说话敷衍塞责，回避问题。

⑧ 谈论与工作无关的事情。

2. 广播用语规范

轨道交通客运服务中的广播起到提醒乘客注意安全、提供列车运行状况信息、引导乘客顺利进出站等功能，乘客广播用语规范如表9.9所示。

表9.9 乘客广播用语规范

主题	广播词
人身安全	各位乘客，为确保您和他人的生命安全，请不要携带易燃、易爆、有毒等危险品进站乘车。有问题请与工作人员联系。
扶梯	各位乘客，乘坐扶梯时，请靠右站稳，左边让有需要的乘客通行，请勿在扶梯上奔跑打闹。多谢合作。
环境	各位乘客，请不要在车站内吸烟，不要乱吐乱扔，谢谢合作。
宣传	各位家长，地铁车站是公共场所，来往的人很多，请您照顾好自己的小孩，不要在站内奔跑嬉戏，不要在扶梯上长时间逗留，以免发生危险。
险情	各位乘客，因车站发生险情，可能危及您的人身安全，请听从工作人员的指引，尽快离开车站。
出站	出站的乘客，请等前面的乘客出闸后，将车票投入闸机回收口出闸，单程票回收。持储值票的乘客请保管好自己的车票。如车票有问题，请及时到售票问讯处咨询，多谢合作。
引导	各位乘客，车站站厅层两端均设有多台自动售票机，为了节省您的时间，请到乘客较少的自动售票机和售票问讯处购票，多谢合作。
首班车	各位乘客，早上好，往×××方向的首班车即将开出，请抓紧时间上车。

续表

主题	广播词
终止提醒	各位乘客,往×××方向的列车服务已经终止,请乘客停止购票进站。往×××方向的列车服务正常进行。
关站提醒	各位乘客,今天的列车服务已经终止,车站即将关闭,请尽快出站。欢迎再次光临。 各位乘客,由于本站有特殊任务,需要暂时关站,请您尽快出站,谢谢合作。
财物安全	各位乘客,请小心保管自己的财物,提防小偷,免受损失。
越过车站	站台候车的乘客,本次列车为通过列车,不上客,请耐心等候下一班车,多谢合作。
车站拥挤	各位乘客,由于车站比较拥挤,请出站的乘客尽快出站,不要在站内逗留,多谢合作。
下雨防滑	各位乘客,由于下雨,楼梯和地面比较湿滑,请乘客们注意安全,以免滑倒。
通道宣传	为了保持良好的环境,请不要在车站通道、出入口、站厅、站台逗留、躺卧,请保持地铁车站通道和出入口的畅通。
禁止提醒	各位乘客,地铁车站内禁止私自贩卖、派发传单,谢谢合作。
屏蔽门	各位乘客,由于屏蔽门故障,请在指定区域内候车,以免发生意外。有问题请与工作人员联系。
故障清客	各位乘客,由于列车故障,有急事的乘客,请改乘地面交通工具。
换乘	前往×××沿途各站的乘客,请按照车站指引到第三层站台候车。
晚点	各位乘客,往×××方向的列车因故延误,不便之处,敬请原谅。

3. 特殊情况下的服务用语规范

特殊情况下,服务用语规范显得尤为重要。这些特殊情况可能包括突发事件、乘客特殊需求、设备故障等,服务人员需要根据实际情况灵活调整用语,既要确保信息准确传达,又要保持礼貌和尊重。

特殊情况下的服务用语规范如表 9.10 所示。

表 9.10 特殊情况下的服务用语规范

特殊情况	规范语言示例
乘客已刷卡,但闸机扇门未开启	(1)请您别着急,我帮您查一下。 (2)您的 IC 卡未刷成功,请再刷一次。 (3)请您从其他闸机进(出)站。
乘客被车门、闸机夹伤	(1)请问您哪里不舒服? (2)请随我到休息室休息。 (3)请让我帮您处理伤口。

续表

特殊情况	规范语言示例
乘客建议、投诉	（1）谢谢您的意见，我会尽快向有关部门反映，以便研究改善方案。 （2）地铁服务热线电话是：××××××××。 （3）您也可以在官网上提出建议。
多人集体乘车	（1）请问您总共需要多少张票？ （2）目前乘客较多，请您告知同行人员下车地点，分散车门上车，乘车时请注意安全。 （3）请您分散乘车。
乘客物品掉下站台	（1）目前条件不允许，我们在运营时间结束后，帮您拾取。 （2）请留下您的姓名、有效联系方式。物品拾取后，我们会与您取得联系。
乘客寻人、找物	（1）请您别着急，我们会马上帮您广播寻人。请您也随时打电话联系××。 （2）请您别着急，我们会联系相关车站，帮您寻物。 （3）广播用语：乘客××，您的朋友/家人正在×××处等您。请您与车站工作人员联系。
未接到行车调度发生突发事件	（1）站台无车时： 各位乘客，开往××方向暂时无车，请耐心等候，有急事的乘客请改乘其他交通工具。 （2）站台有车时： 各位乘客，开往××方向的列车暂时无法运行，请耐心等候，有急事的乘客请改乘其他交通工具。
接到行车调度发生突发事件	（1）站台有车时： 各位乘客，因××原因（以行车调度通知为准），开往××方向的列车暂时无法运行，有急事的乘客请改乘其他交通工具。 （2）站台无车时： 各位乘客，因××原因（以行车调度通知为准），开往××方向暂时无车，有急事的乘客请改乘其他交通工具。
车站紧急封站	车站遇特殊情况需要封站，有急事的乘客请改乘其他交通工具。

【拓展阅读9.4】

客运服务案例2

2005年4月1日，某地铁站的站台护卫巡视时发现一名男乘客候车时坐卧在扶梯的不锈钢面板上，便请乘客不要在扶梯上坐卧，然后就到下行线接车。当护卫再次回到上行线时发现乘客并没有从扶梯上下来，就再次要求乘客下来。由于没有耐心地对乘客使用文明用语，乘客对其劝阻的语气和态度表示不满，提出要拍照投诉。同时，用手中的手机对着护卫做拍照的动作。护卫用手挡住镜头，乘客继续做出拍照的姿势，护卫再次挡住，并对乘客说："拍什么拍，你傻啦！"乘客对此更加不满。

此时，上行列车准备进站，乘客就从扶梯上下来，快步走向站台边准备上车。此时护卫也转身向紧停按钮处走去，准备接车。由于两人所处位置较近，在转身过程中发生碰撞，乘客误认为护卫有意碰撞，所以转身用肩膀大力地撞了护卫两下后准备上车离去，护卫拉住乘客，问他为什么要撞人，乘客表示强烈不满，并要求护卫叫站长下来处理。护卫对乘客说："你有手有脚，自己上去找。"

事件分析：

（一）站台岗在劝阻违规候车乘客时，未能使用礼貌用语，导致乘客不满。这是此次事件发生的主要原因。

（二）乘客进一步表示不满时，护卫没有意识到问题的严重性，说了不该说的话，并且没有及时通知值班站长到场处理，导致问题加剧。

（三）在与乘客发生第一次肢体接触产生误会时，未及时向乘客解释道歉，并拦阻乘客上车，导致事态进一步恶化。

（四）行车值班员对站台工作监控不到位，没有发现站台的异常情况。

技巧点评：

（一）员工劝阻乘客违规行为时，应态度和善，语气平和。

（二）作为服务工作者，应该遵守行业规范，不能说侮辱乘客的话，应以理服人、以礼待人。

（三）在乘客表示不满时，应提高警惕，及时报告车控室，由值班站长处理。

（四）当乘客不理解或责骂时，要聆听其意见，保持冷静，不要跟乘客争对错，可把问题交给其他人处理，不能影响本岗位工作。

【课堂练习9.1】

轨道车站客运服务模拟练习

以小组为单位，根据城市轨道交通客运服务的相关服务规范，模拟乘客进站、购票、进闸、候车、乘车、下车、出闸、出站过程中的服务场景，在以上8个环节中自行挑选3个场景，进行客运服务场景模拟。

小组人数：4~6人。

服务环节：在8个服务环节中挑选3个不同场景进行组合。

角色岗位：站务员（包括站台岗、厅巡岗、售票岗）、值班站长、乘客等。

练习要求：对当前服务场景的处理符合服务规范，话术得当，并尽量与真实状况相匹配。

练习结果：授课教师在模拟练习后，根据小组练习的真实性、丰富性以及标准应用的合理性等方面进行评价。

通过以下模拟练习准备表（见表 9.11）进行小组准备，请在相关服务环节、角色上打钩，并在"具体情景描述"栏里填写相关内容。

表 9.11 模拟练习准备表

服务环节	进站	购票	进闸	候车	乘车	下车	出闸	出站
角色岗位	站台岗	厅巡岗	售票岗	值班站长	保安	乘客	其他	
具体情景描述								

第十章　城轨客运服务人员的心理素质

【知识目标】

◇ 理解心理压力的概念
◇ 了解城轨客运服务人员的心理压力来源
◇ 了解城轨客运服务人员的负面情绪来源
◇ 了解工作压力的缓解方法
◇ 了解情绪调节的方法

【能力目标】

◇ 能有效缓解自我压力
◇ 能有效调节自身负面情绪

【关键概念】

◇ 心理素质、压力缓解、情绪调节

【知识框架】

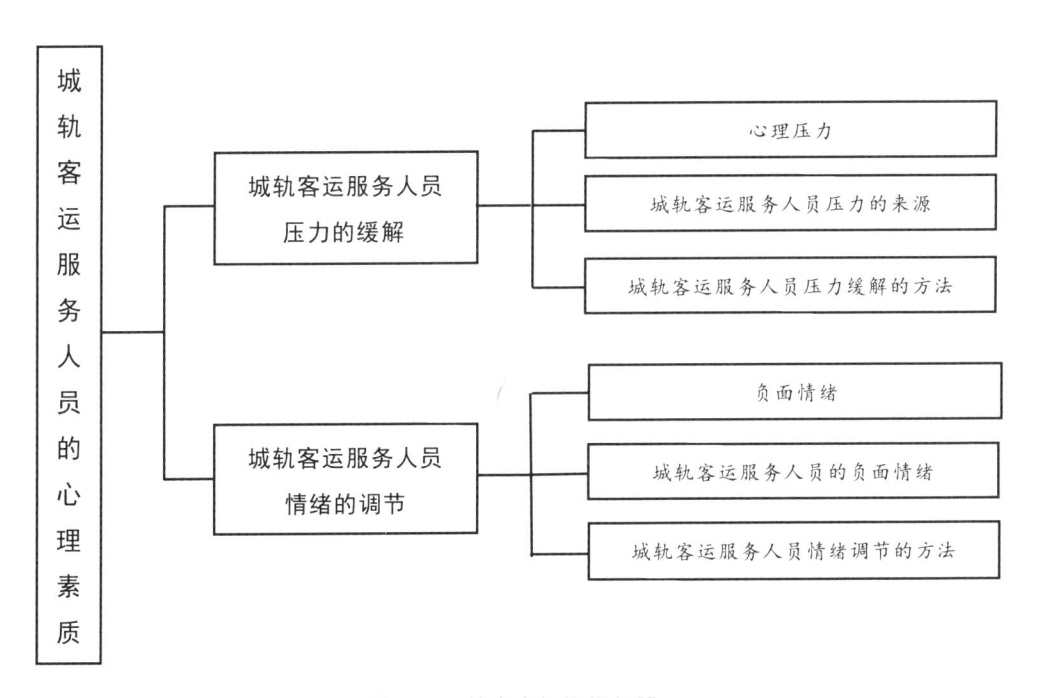

图 10.1　第十章知识框架图

第一节　城轨客运服务人员压力的缓解

轨道交通客运服务人员的工作涉及与大量乘客的互动，服务过程中难免会遇到乘客不满或与乘客发生冲突。服务人员要冷静、理智地处理这些情况，避免事态升级。这种高强度的工作需要工作人员具备良好的心理承受能力，使其能够在压力下保持冷静与高效的工作状态。

一、心理压力

心理压力（Psychological Stress）是指个体在面对生活中的各种挑战、变化或要求时，在心理上产生的一种紧张或压迫的感受。

心理压力可能来源于多个方面，包括工作、学习、人际关系、家庭责任、健康问题和经济压力。当个体感觉自己无法应对这些挑战时，就会产生心理压力。

心理压力对个体的身心健康都有显著影响。在心理层面，长期的心理压力可能导致焦虑、抑郁、愤怒、烦躁等负面情绪，影响个体的情绪稳定和心理健康。在生理层面，心理压力可能引发一系列生理反应，如失眠、食欲不振、头痛、胸闷等，甚至可能增加患心脏病、高血压等慢性疾病的风险。

轨道交通客运服务人员在日常工作中需要面对成千上万的乘客。特别是在高峰时段，他们必须迅速而准确地响应大量乘客的需求。此过程中可能会遇到各种突发情况，例如乘客突然生病、遗失物品或是列车延误等问题。面对这些挑战时，工作人员不仅要快速采取行动解决问题，还要尽力安抚受影响乘客的情绪。这样的职责给轨道交通客运服务人员带来了不小的心理压力。

【课堂讨论 10.1】

大学生的心理压力

心理压力是一种常见的心理现象，它对个体的生活和健康有着重要影响。

想一想，作为一名大学生，会面临哪些心理压力？可以通过【课堂练习 10.1】来测试一下自己的压力情况，并对自己的压力来源进行分析，然后将分析结果写于下方。

（1）_____

（2）_____

（3）_____

二、城轨客运服务人员压力的来源

客运服务人员需要为乘客提供各项交通服务，并确保乘客的人身安全。运营企业对客运服务人员的服务规范有严格要求，这些要求可能会给客运服务人员带来较大的工作压力。

客运服务人员的压力来源如下。

1. 高强度的工作

轨道交通作为城市交通的重要组成部分，通常承载着大量的乘客流量，这些乘客的需求各不相同，从购票咨询、路线指引到特殊服务需求等，都需要服务人员耐心、准确地解答和处理。特别是在高峰时段，客流量剧增，服务人员需要在高峰时段应对大量乘客的咨询、售票、指引等需求，同时确保服务质量和效率，这无疑增加了他们的工作压力。

此外，客运服务人员需维持持续工作状态，即使在夜间也必须安排值班。长时间站立、行走及重复性的劳动不仅给身体带来压力，也可能引发心理疲惫，这些因素均对客运服务人员造成了较大的心理负担。

2. 严格的服务标准和要求

轨道交通客运服务通常有一系列严格的服务标准和要求，以确保为乘客提供安全、舒适、便捷的出行体验。为此，客运服务人员需要遵守一系列的行为规范。例如，他们应穿着整洁统一的制服，并佩戴标志清晰的工号牌，以保持良好的仪容仪表，维护专业形象。

此外，服务人员还需熟练掌握各项服务流程，如售票、检票、引导等，确保服务的高效性和顺畅性。在乘客需要帮助时，应迅速且准确地提供指引和解答，并在服务过程中真诚、尊重地对待每一位乘客，积极回应他们的需求和问询，尽力解决遇到的问题。

对于老弱病残孕等特殊群体的乘客，服务人员应当给予额外的关照和支持，比如优先购票、协助上车及寻找座位等措施。如果未能满足这些高标准的要求或违背了既定的服务准则，可能会导致乘客不满甚至投诉。因此，尽管这些严格的规定可能会给工作人员带来一定的压力感，但它们也是保障服务质量不可或缺的一部分。

3. 应对突发事件的挑战

轨道交通客运服务过程中可能会出现各种突发事件，如乘客突发疾病、物品丢失、列车延误等。客运服务人员需要迅速做出反应，采取有效的应对措施，并安抚乘客的情绪。这种应对突发事件的挑战会给他们带来一定的心理压力。

突发事件往往伴随着不确定性和混乱，这需要客运服务人员在极短的时间内做出正确的判断和决策。他们需要迅速评估突发事件的性质和规模，以便采取适当的应急措施。这对客运服务人员在快速决策和应对方面的要求较高,给他们带来了较大的工作挑战。

突发事件发生后,乘客通常会感到恐慌和焦虑。此时,他们需要及时、准确的信息和指导。客运服务人员应保持冷静和耐心,使用清晰、易懂的语言向乘客传达信息,解答疑问,并引导他们采取正确的行动。在乘客恐慌焦虑时,维护秩序和安抚乘客情绪对工作人员来说是一大挑战,也给他们带来了较大的心理压力。

4. 与乘客的沟通难题

由于乘客的需求和态度各不相同,客运服务人员在与乘客沟通时可能会遇到一些难题。一些乘客可能对服务不满意或提出不合理的要求,服务人员需要耐心解释和处理,这也会给他们带来一定的心理压力。

乘客来自不同的地域,他们的方言、口音以及语言表达方式可能存在差异,这可能导致服务人员难以理解乘客的需求或意图。同时,不同的乘客可能有不同的文化背景和价值观,这可能导致对服务要求和服务态度的理解存在偏差。这些都加大了客运服务人员与乘客沟通的难度,形成相应的压力。

在突发事件发生后或高峰时段,乘客可能因等待时间过长或行程延误而产生不满情绪。这可能导致他们对服务人员的态度变得恶劣,并在沟通中恶语相向。因此,客运服务人员需要保持冷静和耐心,以良好的心态与乘客沟通并解决问题。这对工作人员的心理造成了较大压力。

除了上述压力来源外,轨道交通企业内部管理和组织文化也会对轨道交通客运服务人员的心理状态产生影响。例如,一些轨道交通运营企业会对员工的服务、安全和工作态度进行严格考核,这也会给员工造成心理压力。

三、城轨客运服务人员压力缓解的方法

轨道交通客运服务人员面临多种压力,如工作压力、人际关系压力等。为此,需采取多方位措施。以下是一些常见的压力缓解方法。

1. 合理安排工作与休息时间

轨道交通客运服务人员的工作压力往往较大,因此,合理安排工作与休息时间尤为重要。

在开始工作前,制订一个清晰的工作计划,明确每天或每个时间段的任务和目标。这有助于避免工作中出现混乱和遗漏,提高工作效率。将工作任务按照重要性和紧急性进行分类,优先处理重要且紧急的任务。这样,即使面对大量工作,也能确保关键任务得到及时完成。

在工作间隙,可以适当地进行放松活动,如深呼吸、简单的伸展运动等,以缓解身体的紧张感。尽量避免长时间连续工作或频繁加班。如果确实需要加班,应提前安排好时间，并确保加班后有足够的休息时间。

在工作时间外，要确保每天有足够的睡眠时间，保持规律的作息习惯。良好的睡眠有助于恢复体力，提高应对压力的能力。

2. 寻求社会支持

轨道交通客运服务人员面临着多方面的压力，而寻求社会支持是缓解这些压力的有效途径之一。以下是一些建议，帮助轨道交通客运服务人员更好地寻求社会支持。

家人和朋友是人们最好的心理支持对象。客运服务人员要与家人和朋友保持密切的联系，分享工作中的压力和困扰。他们可以提供情感上的支持和理解，帮助你缓解压力，保持良好的心态。同时，他们的建议和意见也可能为你提供新的思路和解决方案。

客运服务人员也可以加入与轨道交通客运服务相关的职业组织或社群，与同行建立联系和交流。这些组织或社群通常提供经验分享、培训资源以及互相支持的平台。你可以通过参与讨论、活动或培训，结识志同道合的人，共同探讨工作中的问题，分享应对压力的经验。

如果感到压力过大，无法自行缓解，可以考虑寻求专业的心理咨询帮助。心理咨询师具备专业的知识和技能，能够为你提供个性化的支持和指导，帮助你更好地应对压力，提升自我调节能力。

此外，社交媒体和网络平台是寻求社会支持的重要渠道。你可以关注与轨道交通客运服务相关的微博、公众号或论坛，了解行业动态和同行经验。同时，也可以在平台上发表自己的观点和感受，与网友进行交流和互动，获得情感上的支持和共鸣。

3. 培养积极的工作心态

对于轨道交通客运服务人员来说，建立积极的工作心态是缓解压力、提升工作效率和保持职业幸福感的关键。

客运服务人员需要理解并认同客运服务工作的价值和意义，认识到自己的工作对于保障乘客安全、提供优质服务的重要性。为自己的职业感到自豪，认识到作为一名轨道交通客运服务人员，自己承担着为社会公众提供服务的责任。

积极地面对工作挑战，将工作中的挑战视为成长和进步的机会，以乐观的态度面对困难，相信自己有能力解决问题。经常肯定自己的成绩和进步，对自己进行积极的心理暗示，增强自信心。

在工作中遇到问题时，保持冷静和理智，避免情绪化反应，以平和的心态应对各种情况。通过以上方法，可以更好地应对工作压力，提升工作效率和幸福感。

4. 提升专业技能

轨道交通客运服务人员可以通过参加相关培训，提升专业技能和服务水平，增强自信心。具备扎实的专业技能可以更好地应对工作中的挑战，减少因技能不足而产生的压力。

客运服务人员可以积极参加轨道交通企业或行业组织的专业培训，这些培训通常涵盖最新的服务理念、技能操作、沟通技巧和应急处置能力等方面。通过系统的学习，服务人员能够不断更新自己的知识库，提升服务质量和效率。

服务人员也可以自主学习，利用业余时间阅读专业书籍、行业报告或在线课程，深入了解轨道交通客运服务的各个方面。同时，也可以关注行业内的优秀案例和先进经验，不断汲取新的灵感和启示。

通过提升专业技能，轨道交通客运服务人员可以更好地应对工作中的挑战和压力。这不仅能提高工作效率和服务质量，还能增强职业竞争力和成就感。因此，我们鼓励服务人员持续学习和进步。

5. 学会自我放松技巧

学会放松技巧对于轨道交通客运服务人员来说是非常重要的。通过掌握这些技巧，服务人员可以更好地应对工作中的压力，保持身心健康，提高工作效率和服务质量，以下是一些具体的建议。

（1）呼吸练习。

深呼吸是最简单、最直接的放松方法。客运服务人员可以在工作中适时地进行深呼吸，放慢呼吸频率，帮助身体和内心平静下来。尤其是在遇到紧张或焦虑的情况时，深呼吸能够迅速缓解紧张情绪。

（2）运动。

定期进行如散步、跑步、瑜伽或简单的伸展等运动，对于释放身心的紧张与压力大有裨益。这类活动不仅能够促进健康，还能有效改善情绪状态，减轻工作带来的压力感。

（3）冥想与聆听舒缓的音乐。

冥想是一种有效的放松技巧。通过专注于呼吸或某个特定的声音、图像，服务人员可以将注意力从日常工作中转移出来，从而达到放松的状态。此外，听舒缓的音乐也能帮助服务人员放松心情，减轻压力。

在工作之余，服务人员还可以寻找自己感兴趣的活动或爱好，如阅读、绘画、旅行等。这些活动不仅能帮助他们放松心情，还能转移注意力，从而有效缓解工作压力。

【拓展阅读10.1】

压力缓解办法——冥想

冥想是瑜伽实现入定的一项技法和途径，把心、意、灵完全专注在原始之初。冥想是一种让人获得宁静放松的方式，可以用来缓解自身心理压力，提升对情绪的控制能力。

在做冥想练习时，一定要选择一个幽静的环境，不受外界干扰，最好每天在同一时间同一地点练习，这样更容易集中注意力。练习时的姿势一定是舒适的，即可以长时间保持不动且不疲倦的姿势。练习前要先做几个缓慢深长的呼吸，让自己平静下来，进入冥想状态。

冥想可以通过以下步骤进行：

1. 选择一个安静而舒适的环境。

2. 设置好时间。

3. 找到一个舒适的姿势。

4. 做几个热身动作。

5. 盘腿而坐，全身放松。

6. 开始冥想，接受它们，试着将它们转移到你的呼吸上。

7. 关注你的呼吸。

当闭上双眼后，把注意力放在呼吸上，以"平等心"的原则去观察、觉知呼吸的进出。对于当下的呼吸状况以及头脑中的念头，不做任何的判断、分析、联想和纠缠，就只是如实单纯地观察呼吸。

每天坚持半个小时的冥想，看一看自己会发生什么变化。

第二节　城轨客运服务人员情绪的调节

一、负面情绪

负面情绪（Negative Emotion）是指那些带给我们不愉快、消极体验的情绪。

常见的负面情绪包括焦虑、抑郁、愤怒、悲伤、紧张、恐惧、羞愧等。

负面情绪可能在日常生活中不时出现，影响我们的心理状态、行为决策以及身体健康，其产生往往与特定的情境、事件或回忆有关。例如，工作压力、人际关系问题、生活变故等都可能引发负面情绪。当我们面临挑战、困难或不确定性时，负面情绪更容易出现。

负面情绪可能导致个体心态失衡。长期受负面情绪影响，人们可能会变得孤僻、心态消极，对周围的人和事物产生怀疑和敌对的态度。同时，负面情绪还会降低我

们的工作效率，当我们处于压力或情绪低落的状态时，可能会忘记任务的截止日期，无法作出决定，从而浪费工作时间。

此外，负面情绪对生理健康也有显著影响。例如，暴怒可能导致血压变化，增加心脑血管疾病的风险。负面情绪还可能影响消化道神经，导致胃部消化不良、胃酸分泌过多等问题。此外，负面情绪还会影响人体内分泌，导致内分泌紊乱，甚至可能引发甲亢等内分泌疾病。

然而，负面情绪并非完全有害。它们是我们内心对外部世界的反应，可以提醒我们注意潜在的问题或风险。同时，适度的负面情绪也有助于我们更好地应对生活中的挑战，激发我们的应对能力和创造力。

二、城轨客运服务人员的负面情绪

轨道交通客运服务人员在日常工作中可能会面临多种负面情绪的挑战，这些情绪主要源于他们所处的高压和高强度的工作环境。此外，在与乘客互动过程中可能遇到的各种情况，如服务纠纷和突发事件等，都容易引起客运服务人员的负面情绪。

常见的客运服务人员的负面情绪如下。

1. 焦虑

焦虑（Anxiety）是一种情绪状态，它通常表现为对未来可能发生的、难以预料的某种危险或不幸事件经常担心和烦恼。

焦虑情绪往往伴随着紧张、不安、恐惧、烦躁和压抑等感受，并可能引发一系列生理和心理反应，如心跳加速、出汗、呼吸急促、失眠等。焦虑情绪可能源自生活中的各种压力和挑战，例如工作、学习、人际关系、健康问题等。

焦虑是客运服务人员在工作中经常面临的一种负面情绪。这种焦虑可能源于多方面的工作压力和挑战，对他们的身心健康和工作表现都可能产生不良影响。

首先，客运服务人员需要应对高强度的工作压力。他们不仅需要确保列车或地铁的安全运行，还要处理各种突发状况和紧急情况。这种高度的责任感和工作压力可能导致他们产生焦虑情绪，担心自己的工作是否做到位，是否会出现差错。

其次，与乘客的互动也是引发服务人员焦虑的一个重要因素。在面对大量乘客时，服务人员需要保持高效、准确的服务，同时还要应对乘客的各种需求和情绪。有时，乘客可能会因为不满或误解而表现出不满或愤怒的态度，这对服务人员来说无疑是一种情绪上的挑战，容易引发他们的焦虑情绪。

此外，工作环境的变化和不确定性也可能导致服务人员产生焦虑。例如，列车晚点、客流增大、设备故障等因素都可能影响服务的正常运行。这些情况会给服务人员带来额外的工作负担和心理压力，从而引发焦虑情绪。

2. 沮丧

沮丧（Frustration）是一种常见的负面情绪状态，它表现为心情低落、失去信心或希望。

沮丧情绪通常源于个人遭受挫折、失败或不如意的事情，导致情绪低落、灰心丧气，并对生活或特定事情失去兴趣和动力。在沮丧的状态下，人们可能感到无力改变现状，对未来感到迷茫和失望，甚至可能产生自责和自卑的情绪。

客运服务人员在工作中可能会遇到多种导致沮丧情绪的情况。

首先，工作压力是导致客运服务人员沮丧的常见原因。客运服务人员需要应对大量的乘客需求、处理各种突发状况，同时还要保持高效、准确的服务。这种持续的工作压力可能使他们感到力不从心，当面对挑战和困难时，更容易产生沮丧情绪。

其次，人际关系问题也可能导致服务人员沮丧。与乘客之间的冲突、误解或不当对待，或者与同事、上级之间的不和谐关系，都可能使客运服务人员感到孤立和沮丧。

最后，对工作结果不满意也容易导致客运服务人员沮丧。客运服务人员往往希望通过自己的努力为乘客提供优质的服务，但当面对乘客的投诉、不满意或负面评价时，他们可能会感到自己的努力付诸东流，进而产生沮丧情绪。

3. 愤怒

愤怒（Anger）指个体的愿望不能实现或为达到目的的行动受到挫折时产生的一种紧张而不愉快的情绪体验。

愤怒的表达方式多种多样，可能是言语上的攻击，也可能是行为上的冲动。在愤怒状态下，人们容易失去理智，做出一些可能后悔的决定或行为。因此，学会管理和控制愤怒情绪至关重要。

客运服务人员的愤怒情绪可能源于多个方面。

首先，他们面临着高强度的工作压力，包括长时间的工作、高度的责任心以及对安全的严格要求。这种压力可能导致他们在面对挑战或困难时，更容易产生愤怒的情绪。

其次，他们每天都需要与大量的乘客互动，处理各种问题和投诉。有些乘客可能不理解或不尊重服务人员的工作，甚至可能对他们进行无理的指责或谩骂。这种情况下，客运服务人员可能会感到委屈和愤怒。

此外，工作环境和设施的问题也可能引发愤怒情绪。例如，如果工作环境嘈杂、拥挤或设施老旧，客运服务人员可能会感到不适和烦躁。这种情绪状态可能会影响他们的工作态度和效率，甚至可能引发与同事或乘客的冲突。

4. 委屈

委屈（Grievance）是指个体在受到不应有的指责或待遇时，心中产生的难过和不平衡感。

委屈情绪通常源于个体感受到的不公正或冤枉,当他人的评价或对待低于个体的实际水平或期望时,委屈的情绪就会产生。这种情绪可能伴随着痛苦、沮丧、失落等负面感受,对个体的心理健康和日常生活产生影响。

客运服务人员的委屈情绪往往源于工作中遇到的各种挑战和困扰。他们每天都需要面对大量的乘客,处理各种问题,而在这个过程中,他们可能会遭遇一些不公平的待遇或被误解的情况,从而产生委屈的情绪。

首先,客运服务人员可能会遇到一些乘客的无理取闹或不礼貌行为。有些乘客可能因为个人情绪或其他原因,对服务人员态度恶劣,甚至进行辱骂或指责。在这种情况下,服务人员虽然明白需要保持专业和耐心,但内心难免会感到委屈和受伤。

其次,客运服务人员在工作过程中可能会遇到一些难以解决的问题或矛盾。例如,他们可能需要在有限的资源下处理大量的乘客需求,或者在面对复杂的情况时需要做出快速的决策。这些挑战和压力可能会让他们感到力不从心,从而产生委屈感。

此外,轨道交通企业内部的管理和沟通问题也可能导致客运服务人员的委屈情绪。企业若缺乏公正、透明的管理机制,客运服务人员可能会感到自己的努力未被充分认可。同样,上下级间沟通不畅也可能让员工感受到不公。

【课堂讨论 10.2】

负面情绪的调节办法

负面情绪是生活中常见的心理现象,会给自己带来不愉快和困扰,但它们又无法完全避免。

想一想,当你遇到负面情绪时,自己是如何调节的?

以小组为单位进行讨论,并将分析结果写于下方。

(1)_____

(2)_____

(3)_____

三、城轨客运服务人员情绪调节的方法

客运服务人员在工作过程中面临复杂多变的环境,并要应对各种乘客需求,这容易导致情绪波动。为了确保工作的顺利进行和提升服务质量,他们需要掌握有效管理情绪的方法。

1. 根据心理暗示

自我心理暗示(Self-Psychological Suggestion)是指通过主观想象某种特殊的人

与事物的存在来进行自我刺激，从而达到改变行为和主观经验的目的。

自我心理暗示是一种强大的心理工具，通过给自己积极的心理暗示，我们可以更加乐观地面对生活中的挑战和困难。客运服务人员可以通过以下技巧来进行自我暗示。

（1）积极肯定自己。

每天对自己说一些积极的话，比如"我很棒""我能够完成这个任务"等。客运服务人员可以通过这些话帮助自己建立自信，减少自我怀疑。

（2）设定明确的目标。

客运服务人员可以为自己设定明确、可实现的目标，并在实现过程中不断给自己积极的心理暗示。这样，我们就能够更有动力地朝着目标前进。

（3）想象成功的场景。

客运服务人员可以在脑海中想象自己成功完成某项任务或达成某个目标的场景，感受那份喜悦和成就感。这种心理预演有助于我们在实际行动中更加自信地面对挑战。

（4）关注积极的方面。

当遇到困难或挫折时，客运服务人员可以尝试从积极的方面去看待问题，告诉自己"这是一个学习的机会""我可以从中汲取经验"等。这样可以帮助我们保持乐观的心态，减少负面情绪的影响。

2. 寻找情绪宣泄的途径

情绪宣泄（Emotional Catharsis）是指个体在不良情绪状态下，有意识地采取合理途径，直接或间接地将内心的压抑情绪表达出来。

情绪宣泄可以通过哭泣、大笑、交谈、写作、聆听音乐和运动等多种形式进行。这些活动旨在减轻或消除心理压力，帮助人们达到心理平衡状态。有效的情绪宣泄有助于释放负面情绪，使人获得精神上的解脱。

为了有效地调节情绪，寻找合适的情绪宣泄途径至关重要。以下是一些常用的情绪宣泄方法。

（1）沟通交流。

客运服务人员可以尝试通过积极沟通来宣泄情绪。在工作中，与同事、上级或朋友进行深入的交流，分享自己的感受和困扰，往往能够获得理解和支持。这种沟通不仅有助于缓解紧张情绪，还能从他人那里获得新的视角和解决方案。

（2）身体运动。

客运服务人员可以选择一些适合自己的运动方式来宣泄情绪。运动能够释放身体中的压力激素，让身心得到放松。无论是跑步、游泳还是瑜伽，都能有效地帮助客运服务人员调节情绪，恢复平静。

（3）艺术创作。

艺术创作也是一个很好的情绪宣泄途径。客运服务人员可以通过绘画、音乐、写作等方式来表达自己的情感和想法。这些活动不仅能够帮助客运服务人员释放情绪，还能提升他们的创造力和审美能力。

（4）娱乐活动。

客运服务人员可以通过观看喜剧电影、听欢快的音乐、参与游戏等娱乐活动宣泄负面情绪。这些活动能够带来愉悦和放松的感受，有助于缓解负面情绪。

3. 保持幽默感

幽默感是一种有效的情绪调节工具。一个幽默的笑话或一段轻松的对话能够转移我们的注意力。它们让我们暂时忘记烦恼，并获得愉悦和放松的感觉。客运服务人员在工作中保持幽默感，用轻松的方式应对各种挑战，不仅能缓解紧张的氛围，还能提高乘客的满意度。

以下是一些保持幽默感的方法。

（1）多看幽默内容。

客运服务人员可以观看喜剧电影、电视节目或阅读幽默故事、漫画。这些活动不仅能够帮助放松心情，还能提升幽默感和表达能力。面对负面情绪时，幽默内容能转移注意力，带来愉悦和放松。

（2）掌握幽默技巧。

学习自嘲、正话反说、夸张法等技巧，可在适当时候运用，缓解紧张气氛，展现自信和开放心态。遇到沟通难题时，幽默技巧有助于解决问题。

（3）改变思维方式。

面对乘客抱怨或不满，尝试从不同角度看待问题，用幽默化解紧张气氛。这种思维方式能帮助缓解压力，展现积极态度和专业素养。

（4）保持童心。

保持好奇心和想象力，更容易发现工作与生活中的美好与欢乐，享受工作乐趣。

4. 写日记

写日记是一种简单、有效的情绪调节方法。通过写日记，客运服务人员可以更好地理解自己的情绪，找到调节负面情绪的方法，提高工作满意度和生活质量。

具体操作方法如下。

（1）设定写日记的时间和地点。

选择一个相对安静、不受打扰的时间和地点，作为固定的写日记时段。这可以是在工作结束后的晚上，或者是在休息日的某个时段。确保自己能够在这个时间和地点静下心来，专注于表达自己的情感和想法。

（2）记录当天的情绪和经历。

在日记中，详细记录当天的情绪和经历。可以描述工作中遇到的挑战、与乘客的互动、感受到的压力等。尽量用具体的语言和细节来描述，这样有助于更深入地理解自己的情绪来源。

（3）分析情绪产生的原因。

在记录完当天的情绪和经历后，尝试分析这些情绪产生的原因。思考是什么导致了负面情绪的出现，是工作压力、人际关系还是其他因素？通过深入分析，可以更好地认识自己的情绪，并找到根源。

（4）表达自己的想法和感受。

在日记中，不要害怕表达自己的真实想法和感受。可以写下自己对工作的看法、对乘客的态度、对未来的期望等。通过倾诉和表达，可以减轻内心的负担，并找到解决问题的思路。

（5）积极寻找解决方案。

在写日记的过程中，尝试积极寻找解决负面情绪的方法。可以思考如何调整自己的心态、提高工作效率、改善人际关系等。也可以写下一些积极的目标和计划，激励自己向前看，积极面对挑战。

总的来说，写日记是一种自我成长和反思的过程，有助于提升个人的心理素质和应对能力。

【课堂练习10.1】

心理测试——压力知觉测试

压力无处不在，您可以通过以下测试了解自己是否处于压力当中（见表10.1）。这份量表旨在询问您在最近一个月以来的个人感受和想法。请针对每个题项指出您感受或想到某一特定想法的频率。虽然有些问题看似相似，但实则有所差异，因此每一题都需要作答。作答时，请尽量以快速、直觉的方式填写，即不需要深思熟虑，不用分析每一题分数背后的意义，以确保真实反映您的压力知觉状况。

每一题项皆有以下五种选择：

0：从不　1：偶尔　2：有时　3：时常　4总是

评分标准：

该量表共有14个条目，为6个正向题目和8个反向题目，其中反向计分的题目分别是4、5、6、7、9、10、12、13，采取1~5分的5级计分方法，总分范围在14分~70分，得分越高说明被试的心理压力越明显。

表 10.1　压力知觉量表（CPSS）

请回答最近一个月来，发生下列各状况的频率	从不	偶尔	有时	时常	总是
1.因一些无法预期的事情发生而感到心烦意乱					
2.感觉无法控制自己生活中重要的事情					
3.感到紧张不安和压力					
4.成功地处理恼人的生活麻烦					
5.感觉自己正有效地处理生活中发生的重要改变					
6.有信心能处理好自己的私人问题					
7.感觉事情顺心如意					
8.发现无法处理所有自己必须做的事情					
9.有办法能控制生活中的恼人的事情					
10.常觉得自己是驾驭事情的主人					
11.常因很多事情的发生超出自己的控制而生气					
12.经常想到有些事情必须自己完成					
13.感觉自己能掌握时间安排的方式					
14.常感到困难的事情堆积如山，无法克服					

结果分析：

14~28 分：知觉到的压力较低。

你当前的压力处于低水平，你对自己当前的生活有足够的掌控和控制，不会因为一些无法预期的事情发生而感到心烦意乱和惊慌失措。

29~42 分：知觉到的压力适中。

这个分数指出你的生活中的兴奋与压力量也许是相当适中的。

有时候会感到压力过大，但你或许有能力管理这些压力，并快速恢复到平静状态。因此，你所面临的压力不会对你的健康构成威胁。然而，参与一些放松身心的活动仍然是有益的。

43~56 分：知觉到的压力较高。

你当前经历较高的压力，它可能已经对你的身心健康造成负面影响，需要你采取措施加以调节。

57~70 分：知觉到的压力非常高。

你的压力过大，身体可能会出现一些症状。因此，你急需减压，可以寻求专业人员的帮助。当你面对那些模糊的、难以改变的、长期的压力问题时，你可能会感到束手无策和焦灼不安。这个分数表明你确实正在经历极度的压力反应，这对你的心理健康造成了伤害。你需要专业心理咨询师给你一些建议。他们可以帮助你减少对压力的感知，并帮助你改善生活质量。

课堂讨论：

看一看自己的压力知觉测试得分，分析一下，自己的压力来源有哪些，并将其写于下方。

（1）_____

（2）_____

（3）_____

附 录

附录 1:《城市轨道交通客运服务规范》

中 华 人 民 共 和 国 国 家 标 准
城市轨道交通客运服务规范

印发时间 2022 年 12 月 30 日
实施日期 2022 年 12 月 30 日
印发机关 国家市场监督管理总局、国家标准化管理委员会
发文字号 GB/T 22486—2022

1 范围

本文件规定了城市轨道交通客运服务的一般规定、服务设施和设备、服务提供、安全应急服务、服务环境与卫生和服务质量管理。

本文件适用于城市轨道交通系统的客运服务。

2 规范性引用文件

下列文件中的内容通过文中的规范性引用而构成本文件必不可少的条款。其中，注日期的引用文件，仅该日期对应的版本适用于本文件；不注日期的引用文件，其最新版本（包括所有的修改单）适用于本文件。

GB/T 2893（所有部分）图形符号 安全色和安全标志

GB 2894 安全标志及其使用导则

GB/T 7928 地铁车辆通用技术条件

GB 13495.1 消防安全标志 第 1 部分：标志

GB/T 14227 城市轨道交通车站站台声学要求和测量方法

GB 14892 城市轨道交通列车噪声限值和测量方法

GB 15630 消防安全标志设置要求

GB/T 16275 城市轨道交通照明

GB/T 18574 城市轨道交通客运服务标志

GB/T 38374 城市轨道交通运营指标体系

GB 50157 地铁设计规范

GB 51151 城市轨道交通公共安全防范系统工程技术规范

JT/T 1002.1 城市轨道交通行车值班员技能和素质要求 第 1 部分：地铁、轻轨和单轨

JT/T 1003.1 城市轨道交通列车驾驶员技能和素质要求 第 1 部分：地铁、轻轨和单轨

JT/T 1004.1 城市轨道交通行车调度员技能和素质要求 第 1 部分：地铁、轻轨和单轨

3 术语和定义

下列术语和定义适用于本文件。

3.1
服务 service
服务提供者与顾客接触过程中所产生的一系列活动的过程及其结果。
注：服务的结果通常是无形的。
[来源：GB/T 15624- -2011，3.1.有修改]

3.2
服务质量 service quality
服务组织为乘客所提供服务的程度。
注：服务质量可通过服务水平或准则来确定。

3.3
服务质量准则 quality criterion
从乘客视角确定的服务提供标准。

3.4
服务水平 level of service；LOS
用一个指定的评价服务标准对特定的服务进行衡量。
注：服务水平可基于用户对于运输绩效的感受，也可以是公共交通服务的供给量。

3.5
城市轨道交通客运服务 urban rail passenger transport service
为使用城市轨道交通出行的乘客提供的服务。

3.6
乘客 passenger
乘坐交通工具的顾客
注：不包括工作人员和服务人员。

3.7
运营单位 operation company
经营城市轨道交通运营业务的企业。

3.8
城市轨道交通车站 urban rail transport station
在城市轨道交通线路上，办理运营业务和为乘客提供服务的建筑设施和场所。

注：可包括：
——始发站，城市轨道交通列车运行的起始车站；
——中间站，城市轨道交通列车运行途经的车站；
——换乘站，城市轨道交通线路交会处，具备从一条线路转乘到其他条线路功能的车站；
——终点站，城市轨道交通列车运行的终到车站。

3.9
服务人员 service personnel
在运营单位中，为乘客提供客运服务的人员。

3.10
服务用语 service language
在客运服务中，服务人员所使用的规范语言。

3.11
服务行为 service behavior
在客运服务中，服务人员表现出来的行为。

3.12
服务设施 service facilities
在城市轨道交通系统内设置的，直接为乘客提供服务的设施。

3.13
服务质量承诺 service commitment
城市轨道交通运营单位以公告或声明的形式公布对其乘客所提供的服务内容。

4 一般要求

4.1 应以乘客的视角为基准，衡量城市轨道交通客运服务质量。

4.2 运营单位应有符合 GB/T 30012 要求的组织机构、规章制度和提供客运服务的能力。

4.3 运营单位应以安全、准时、便捷、舒适、文明为目标，为乘客提供持续改进的服务。

4.4 运营单位应为乘客提供符合服务规范的服务设施、候车环境和乘车环境。

4.5 运营单位应为乘客提供规范、有效、及时的信息。在非正常运营状态下，应为乘客提供必要的指导信息。

4.6 运营单位应以本文件及服务质量准则为基础，提出服务质量目标，包括确定提供的服务水平，进行服务质量承诺。服务质量和水平应通过服务质量评价进行衡量。服务质量的管理和评价应符合社会经济环境及其变化发展的要求和需求。

4.7 运营单位应向残障等特殊乘客提供相应的服务。

4.8 为乘客提供的公益或商业服务应不影响安全，并不降低服务质量。

5 服务设施和设备

5.1 基本要求

5.1.1 设施及设备的布置和运行应与设计或验收标准保持一致，并应符合 GB/T 38707 的要求。

5.1.2 服务设施布置和运行的调整变化不应降低服务水平和减少服务内容；不应随意减少服务场所的面积和使用空间。

5.1.3 在设备设施使用年限内应满足正常使用的安全性、可靠性、可用性和可维护性要求，建立消除安全隐患的定期评估机制。

5.1.4 自动售检票、乘客信息系统等设施设备应实现系统互联互通、兼容共享，车辆宜实现兼容共享。

设施设备宜采用推广节能、互联网及智能化技术等新技术以及易于维护、更新等技术和措施。

5.2 服务标志

5.2.1 标志的图形符号、标志形状、颜色和设置要求应符合 GB/T 18574 的要求，安全标志还应符合 GB/T 2893（所有部分）、GB 2894、GB/T 10001.3、GB 13495.1、GB 15630 的有关要求。

5.2.2 城市轨道交通车站内应有完善的客运服务标志。标志应醒目、信息易辨、设置合理、引导连续、系统整体，使用和管理方便，不被其他设施遮挡和遮盖。

5.2.3 车站入口处应张贴禁止携带物品进站乘车的目录，宜张贴限制携带物品进站乘车的目录。

5.2.4 车站和列车内配备的优先座椅和轮椅摆放位等应设置醒目、清晰的无障碍设施位置标志。

5.2.5 在城市轨道交通车站外 800 m 范围内提供清晰、明确、设置合理、引导连续和统一的城市轨道交通导向标志。

5.2.6 导向标志应实现明晰有效的客流路径引导，满足不同交通方式之间的换乘引导需求。

5.2.7 车站公共区以及与车站相连物业公共区应在显著位置设置导向标志。

5.2.8 车站客流组织发生变化，应立即设置临时性标志疏导客流。

5.2.9 在站台、站厅、出入口、疏散通道、区间、列车车厢及其他客运场所应设置安全标志。站台和车厢紧急停车装置、车站和车厢消防报警装置旁边应设置明显的标志、使用说明和警示。

5.2.10 列车上应有各种安全标志，包括车门防夹警示、车门防倚靠警示、紧急报警提示、车门紧急解锁操作提示、消防设备标志等。

5.3 通行设施

5.3.1 车站出入口、步行梯、通道、站厅、站台等场所应通畅，地面应保证完好、平整、防滑。

5.3.2 自动扶梯、电梯、轮椅升降机等乘客输送设施应安全、可靠、运行平稳。自动扶梯和电梯运行时间应与车站运营时间同步。

5.3.3 站台门应保证安全可靠、状态完好。站台门发生故障无法关闭时，应安排专人值守，做好安全防护；无法打开时，应通过广播等方式通知乘客，引导乘客从其他站台门上下车；出现大面积故障时，应及时采取相应措施，并及时通知乘客，引导乘客出行。

5.3.4 自动扶梯应有明确的运行方向指示。自动扶梯或电梯发生故障时，应立即停止使用，放置安全护栏等设施，引导乘客采用其他方式通行。

5.4 票务设施和设备

5.4.1 票务设施应布局合理、满足通过能力和客流疏散要求。

5.4.2 售检票设施应安全可靠、状态完好。

5.4.3 每个售票点正常运行的自动售票机不应少于 2 台。

5.4.4 车站售票类设施设备应支持现金和移动支付方式。

5.4.5 每组进出站自动检票机群正常使用的通道不应少于 2 个。

5.4.6 自动检票机应能识别实体票、信用票等车票形式，具备移动支付检票功能。

5.4.7 自动售票机上或附近应有醒目、明确、详尽的操作说明。

5.4.8 当票务设施设备发生故障无法使用时，应有明显的标志引导乘客使用其他可用设施设备；大面积故障时，应增加人工售检票通道。紧急疏散时，检票机阻挡装置应全部处于释放状态。

5.5 乘客信息系统及广播系统

5.5.1 车站应有乘客信息系统，提供及时、清晰、有效的乘车、出站和疏散信息。

5.5.2 乘客信息系统终端显示设备的布置应与照明灯具协调，安装应避开眩光和视线遮挡。

5.5.3 站台应设置醒目、画面清晰、准确可见的乘客信息系统终端显示设备。其他位置终端显示设备应画面清晰、信息准确。

5.5.4 车站的广播设施应具备集中广播和分区广播功能。自动广播发生故障时，应能够进行人工广播。

5.5.5 广播设施应音质清晰、音量适中，不失真。

5.5.6 车站内信息显示设施应设置在站台、站厅等乘客易于发现的位置。

5.6 问询服务设施

5.6.1 车站应设置乘客服务中心。乘客服务中心宜设在站厅层付费区与非付费区之间，具备票务处理、信息问询等功能。

5.6.2 车站宜配备自助信息查询设备，自助信息查询设备应性能可靠、操作简单、指示明确、状态完好。

5.7 照明设施

5.7.1 车站正常照明和应急照明设施应状态完好；正常照明应采取节能措施，并持续改进。

5.7.2 应急照明应配备应急电源。

5.7.3 车站地面的安全疏散指示标志应采用内置灯具照明方式，运营服务类和公共服务类公共信息导向系统可采用外置光源照明方式。

5.7.4 照明设施的设置、性能等应符合 GB/T 16275 的要求。

5.7.5 列车上应设有应急照明。

5.8 列车

5.8.1 列车上的座椅、扶手等设施应安全可靠，车辆连接处应采取保障乘客安全的措施，安全标志、引导标志应清晰有效。

5.8.2 客室车窗应采用一旦发生破坏时其碎片不会对人造成严重伤害的安全玻璃。

5.8.3 客室地板应防滑，客室结构不应有尖角或突出物。

5.8.4 列车上应至少设置一处供轮椅停放的位置，应有乘轮椅者适用的抓握或固定装置。

5.8.5 列车上的空调、采暖、通风、闭路电视(监控用)、广播信息等设备应保持状态完好，并按规定开启。

5.8.6 列车车身外侧或站台宜设置 LED 运行信息显示。

5.9 安全服务设施设备

5.9.1 安全服务设施设备，包括车站、列车车厢内设置的消防、应急照明、应急通信、应急广播、乘客信息系统、视频监控等，应保持100%的可用性。

5.9.2 运营单位应在车站内配备急救箱，车站和列车服务人员应掌握必要的急救知识和技能。

5.9.3 供公众疏散使用的且平时需要关闭的疏散门，应确保在应急情况下不需要任何器具能手动迅速开启。

5.9.4 列车客室内应设置乘客手动报警或与司机或控制中心通话的装置，紧急情况下乘客可向司机或控制中心报警。

5.9.5 车站服务人员应对车站安全设施设备进行巡视检查，巡视频率不应低于每3小时一次，发现异常情况及时进行处理；遇客流高峰、恶劣天气、重大活动等情况，应根据需要增加巡视次数。

5.10 其他设施设备

5.10.1 车站宜设置乘客座椅，并保持整洁完好。

5.10.2 车站内设置的公共卫生间，应保持清洁，并能够正常使用。

5.10.3 通风、采暖与空调系统、环境与设备监控系统应按规定设置并开启。

5.10.4 站台门的应急开启装置应完好，操作导引应醒目、清晰。

5.10.5 车站应设置无障碍服务设施,无障碍设施应保持性能完好。

5.10.6 车站宜配置无障碍厕位或无障碍卫生间、婴儿护理台、儿童洗手盆等服务设施;宜设置母婴室、自动取款机、自动售货机等便民服务设施设备,并设置相应标志引导乘客使用。

5.10.7 车站的生活福利、商业和便民服务设施不应对车站客流产生干扰。

5.10.8 车站的站台、站厅宜设置适量的废物箱。

5.11 服务设施可靠度

一年内服务设施的可靠度应满足下列要求,相关服务设施可靠度的计算方法应符合 GB/T 38374 的要求:

a)自动售票机可靠度大于或等于 98%;

b)储值卡充值机可靠度大于或等于 98%;

c)自动检票机可靠度大于或等于 99%;

d)自动扶梯可靠度大于或等于 98.5%;

e)垂直电梯可靠度大于或等于 99%;

f)车站乘客信息系统可靠度大于或等于 98%;

g)列车乘客信息系统可靠度大于或等于 98%;

h)列车服务可靠度大于或等于 50 万车公里每次。

6 服务提供

6.1 票务服务

6.1.1 自动售票机或其附近应有方便乘客购票的醒目、明确的车票种类、票价、售票方式、车票有效期等信息。

6.1.2 自动检票机或其附近应有相应的提示、导向标志或图示,方便乘客检(验)票。

6.1.3 每日运营前,车站应开启售检票类设备,并在首班车到站前完成准备工作,确认设备正常运行。

6.1.4 人工售票、充值或售卡过程中,售票员应唱收唱付,做到准确、规范。

6.1.5 对符合免费乘车规定,并持有效乘车证件的乘客,应验证后准乘。

6.1.6 遇票务异常等乘客无法正常进出站时,应及时采取有效措施,为乘客进行必要的票务处理。

6.1.7 在运营期间自动售票、检票机发生故障时,应设置故障提示,异常情况及时进行处理。

6.1.8 城市轨道交通因故中断运营时,运营单位应按照票价退还票款;享受票价优待的乘客,运营单位应执行票价优待规定。

6.2 行车服务

6.2.1 城市轨道交通全天的运营时间应不低于 15 h。

6.2.2 城市轨道交通的运营时间应根据当地居民的出行规律及其变化确定和调

整，调整前应及时公示。在特定日期(如周末、节假日)、恶劣天气以及衔接火车站、机场线路有火车、飞机大面积晚点的，可为乘客提供延时运营服务。因重大活动、重大工程影响需临时调整运营区段或时间的，运营单位应提前向社会公布。

6.2.3 运营单位应根据客流需求以及服务水平的变化合理组织列车运行，并可根据客流变化等情况合理调整列车运行；对乘客有影响时，应及时公布。

6.2.4 一年内，线路列车正点率应大于或等于98.5%，列车运行图/时刻表兑现率应大于或等于99%。断面满载率不宜超过100%。以上指标的计算方法应符合GB/T 38374的要求。

6.2.5 列车运行应行驶平稳。列车进站时，应确认列车在车站指定位置停稳后开启车门及站台门；列车启动前，应确认车门及站台门关闭且两门之间间隙无夹人夹物。

6.2.6 列车运行发生故障时，应视情况采取相应处置措施。

6.3 信息服务

6.3.1 运营单位应提供现场问询服务和远程问询服务。

6.3.2 运营单位应在车站出入口、站厅、站台显著位置设置公告栏，在站台及车厢的醒目位置，告知乘客服务基本信息，包括下列内容：

a）周边街区地标指引；
b）与其他公共交通方式衔接指引；
c）城市轨道交通网络示意图；
d）线路站名标识；
e）票价票种信息：
f）首末班车时刻、列车运行信息；
g）站内乘客服务导向信息（含换乘站内的换乘导向信息）；
h）投诉与建议、报警和求助信息；
i）其他与出行相关的信息。

6.3.3 车站和列车乘客信息系统应实时发布列车运行方向、当前列车到达时间、后续一班列车到达时间等信息。

6.3.4 车站及列车应通过广播发布列车运行信息、突发事件及运营计划调整信息；排队候车、安全文明乘车提示等信息。

6.3.5 列车应广播告知乘客到达车站、换乘和开启车门侧信息。

6.3.6 运营单位应建立官方网站、官方微博、官方微信公众号等互联网信息服务渠道，面向乘客发布列车运行动态、运行计划调整、出行提示等运营服务信息，并进行乘客诉求回复办理工作。

6.4 服务人员

6.4.1 基本要求

6.4.1.1 运营单位应根据不同岗位的服务要求，制定岗位工作职责及工作标准，应覆盖乘客进入城市轨道交通系统后服务人员提供的所有服务工作。

6.4.1.2 服务人员应履行首问责任制。

6.4.1.3 服务人员应进行岗前培训，持证上岗，并进行在岗技能培训。定期组织开展上岗证核证、复证工作。因个人原因离岗 6 个月及以上的服务人员在归岗前应进行岗位复核测评，通过考核后，方可上岗。

6.4.1.4 行车值班员、列车驾驶员及行车调度员的技能和素质要求应分别符合 JT/T 1002.1、JT/T 1003.1 和 JT/T 1004.1 的要求。

6.4.1.5 志愿者或临时支援人员应在通过培训后上岗。

6.4.1.6 运营单位应定期组织客运服务各岗位的应急预案演练及评估工作，不断完善应急预案，提高应急处置能力。

6.4.1.7 当服务人员疑似感染或已感染极具传染性疾病时，不应为乘客提供服务。

6.4.2 服务用语

6.4.2.1 服务语言应使用普通话（乘客提问时使用方言或外语的除外）。

6.4.2.2 问询、播音宜提供英语服务。

6.4.2.3 服务用语应表达规范、准确、清晰、文明、礼貌。

6.4.2.4 服务文字应用中文书写，民族自治地方还应有当地的民族文字。

6.4.2.5 运营单位应根据本地区的特点提出服务忌语，对服务人员应进行防止使用忌语的培训。

6.4.3 服务行为

6.4.3.1 服务人员应按规定着装，正确佩戴服务标志。

6.4.3.2 服务人员应坚守岗位，严格遵守规章制度。

6.4.3.3 服务人员应做到精神饱满、端庄大方、真诚亲切、举止文明、动作规范。

6.4.3.4 服务人员应及时响应乘客询问或要求，回答询问认真、专业。

6.4.3.5 服务人员应为有需要的乘客提供无障碍乘车服务。

6.5 安全应急服务

6.5.1 应急服务应以保障人身安全为首要目标。

6.5.2 在城市轨道交通车站及其范围内应有明显可识别的警务点或呼叫点。

6.5.3 城市轨道交通应配备站内及车厢监控设备，公共区域的监控设备应做到重点通道区域、客流密集区域、站台候车区域的全覆盖，并应符合 GB 51151 的规定。

6.5.4 发现走失的儿童，应带领其至安全场所，并设法联系其监护人或报警。

6.5.5 当乘客身体不适时，客运服务人员应提供必要帮助；当出现可能影响公共卫生安全或正常客运，以及需要进行人文关怀或乘客要求隔离等情况，可根据需要对现场进行隔离，并配合做好后续工作。

6.5.6 发生突发事件时运营单位应及时通过站内乘客信息系统、站内/车厢广播、网络（微博、微信、官网）多渠道告知，提供相关信息。

6.5.7 发生公共安全突发事件时，应立即启动应急预案，报告相应管理部门。

6.5.8 出现/预见极端天气情况或极端环境情况下，危害超过或可能超过应急预案设定安全阈值条件时，运营单位应立即启动相应的响应措施或立即停运。

6.5.9 预判站台客流量超过站台估计最大客流预警值时，应当实施单站级客流控制；仍无法缓解时，预判断面客流满载率超过预警值时，应当在本线及与之换乘的线路车站实施线网级客流控制。

6.5.10 当发生车门未能正常开关、电梯故障、个别乘客受伤等影响范围有限，无扩散或传播风险的情况时，运营单位应最大程度地减少运营影响，尽快恢复列车正常运营，利用广播等方式告知乘客相关运营信息，做好解释和安抚工作。

6.5.11 非突发情况下的列车越站，运营单位应至少提前一站告知受影响的乘客。首班车、末班车及乘客无返乘条件的列车不应越站，同方向连续两列载客列车一般不应在同一车站越站。

6.5.12 列车临时清客时，运营单位应通过广播或者其他方式告知车内乘客和站内乘客，并引导乘客下车并等候下一班载客列车。

6.5.13 列车迫停区间需组织区间疏散时，运营单位应扣停可能驶入受影响区域的列车，明确疏散方向，通知车站做好客流引导，在邻站端门及疏散区间联络线等通道处安排人员监控，疏散后确认无人滞留。

6.5.14 运营单位应通过播放宣传短片、播放车站或列车广播、发放宣传单等多种方式进行安全宣传教育，向乘客提供突发情况下的应急处置流程、服务设施使用方法和安全警示等安全信息。

7 服务环境与卫生

7.1 服务卫生

7.1.1 运营单位应向乘客提供适宜的候车和乘车的环境。

7.1.2 运营单位应科学做好公共区域通风、换气等工作，保证空气清新和环境整洁；列车客室内的温度、新风量应符合 GB/T 7928 的规定；封闭式车站的温度、新风量应符合 GB50157 的规定。

7.1.3 车站的候车和乘车环境应整洁，应及时清除尘土、污迹、垃圾等，车站及车厢内座椅、扶手、内墙、玻璃及通风口无明显积灰；车站地面一旦发现大件垃圾或大面积积水现象，应立即清理。

7.1.4 洗手间应保持干净、无明显异味，无明显的垃圾、污物、涂鸦、小广告、杂物堆放（工具摆放区除外）情况。

7.1.5 车站、列车车厢、空调系统、公共卫生间等直接与乘客接触的服务设施、反复使用的车票应定期清洁、消毒。

7.1.6 运营单位应建立完善环境、卫生和重大传染性疾病的投诉、报警的公众信息渠道、设备和设施，通过车站电子屏、站内广播、车载视频、海报等多种形式，根据卫生防疫工作需要开展卫生防护和疫情防控知识宣传。

7.1.7 运营单位应在车站储备应对公共卫生突发事件便捷使用的装备、器材和卫生用品用具。

7.1.8 出现公共卫生事件或异常情况疑似公共卫生事件时，运营单位应在第一时间进行情况报告，视情况联系 120 救护机构或疾病预防控制中心开展人员救治和疾病防治工作，并组织该站人员进行疏散隔离。

7.2 环境保护

7.2.1 列车客室噪声限值应符合 GB14892 的规定。

7.2.2 车站噪声限值应符合 GB/T 14227 的规定。

7.3 其他环境和条件

7.3.1 宣传横幅、标语、广告等不应遮挡标志标识、指示牌、公告、通知等服务设施，或影响其使用。

7.3.2 广告宣传灯箱及灯光的使用不应影响标志标识、指示牌、公告、通知以及设施设备的辨认和使用。

8 服务质量管理

8.1 服务质量承诺

8.1.1 运营单位应每年公布服务质量承诺，并总结服务质量承诺年度履行情况。

8.1.2 服务质量承诺应至少包括：

a）列车正点率、列车运行图兑现率等列车运行指标；

b）客运服务设备设施可靠度等符合 5.11 的要求；

c）乘客投诉、意见、建议受理渠道和处理时限；

d）服务改进的举措和计划。

8.1.3 乘客需要时，服务人员应说明或解释服务质量承诺。

8.2 服务质量监督

8.2.1 城市轨道交通服务质量应根据服务质量准则进行评价和改进，评价内容至少包括有效性、可达性、信息、时间、舒适、环境影响和乘客关怀等方面内容。

8.2.2 运营单位应建立乘客投诉受理、乘客建议收集机制，设置受理和处理乘客投诉的机构和人员，制定乘客投诉受理和处理反馈工作流程，限时向乘客反馈投诉处理结果，并做好相应台账记录。

8.2.3 运营单位应在站厅、站台和列车内醒目位置公布监督投诉电话。

8.2.4 运营单位应通过公众开放日、公共信息平台和监督投诉电话等方式听取乘客代表和公众对城市轨道交通运营服务的建议和投诉。

8.2.5 对于公众的建议，运营单位应及时处理，并适时进行回复；对于乘客投诉，运营单位应在 7 个工作日内处理完毕，并将处理结果告知乘客，做好说明和解释工作。一年内有效乘客投诉率和有效乘客投诉回复率应满足下列要求：

a）有效乘客投诉率小于或等于百万分之三；

b）有效乘客投诉回复率为100%。

注：有效乘客投诉率和有效乘客投诉回复率的计算方法见 GB/T 38374。

8.2.6 运营单位宜邀请乘客代表或"常乘客"参与服务质量监督工作。

8.3 服务质量改进

8.3.1 运营单位应制定相应的规章制度，按照 GB/T 19001 建立服务质量管理体系。

8.3.2 运营单位应定期进行服务质量内部检查，并将内部检查结果和服务质量评价结果记录或直接用于改进服务质量。

8.3.3 城市轨道交通服务质量评价结果应向社会公布,公布频次应与评价频次一致。

8.3.4 运营单位应对乘客有效投诉进行改进。对于服务类投诉应及时查找原因，改进相关服务；设备设施类投诉应核实设备设施信息，组织相关单位进行处理；规章制度类投诉应进行分析，根据需要修改完善制度。

8.3.5 运营单位应确定每年服务质量目标和服务质量改进计划，对以下内容进行重点改进：

a）乘客多次投诉的服务内容；

b）通过多种途径收到的公众意见，对城市轨道交通服务质量确有影响的；

c）根据服务质量评价和服务提供质量提出应进行改进的服务内容；

d）可提升城市轨道交通运营服务水平的新技术、新装备。

附录 2：《城市轨道交通客运组织与服务管理办法》

城市轨道交通客运组织与服务管理办法

印发时间 2019 年 10 月 16 日
实施日期 2020 年 4 月 1 日
印发机关 交通运输部
发文字号 交运规〔2019〕15 号

第一章 总 则

第一条 为进一步规范城市轨道交通客运组织与服务工作，推动城市轨道交通服务质量提升，更好地保障人民群众安全、便捷出行，根据《国务院办公厅关于保障城市轨道交通安全运行的意见》(国办发〔2018〕13 号)、《城市轨道交通运营管理规定》(交通运输部令 2018 年第 8 号)等有关要求，制定本办法。

第二条 地铁、轻轨等城市轨道交通的客运组织与服务及其监督管理工作适用本办法。

第三条 城市轨道交通客运组织与服务工作坚持以人民为中心，遵循安全第一、乘客为先、需求导向、持续改进的原则。

第四条 城市轨道交通所在地城市交通运输主管部门或者城市人民政府指定的城市轨道交通运营主管部门（以下统称城市轨道交通运营主管部门）负责本行政区域内城市轨道交通客运组织与服务的监督管理工作。

城市轨道交通运营单位（以下简称运营单位）负责城市轨道交通客运组织与服务工作。

第二章 基础管理

第五条 运营单位应建立客运组织与服务质量管理体系，制定车站岗位职责与人员培训、应急预案和演练、客运设施设备管理、票务管理、环境卫生管理、信息发布、乘客遗失物保管和招领等制度。

第六条 运营单位应根据车站规模、客流情况、设备设施布局、设备系统自动化程度、服务标准、公众需求等，科学设置客运人员岗位，相应配备符合要求的客运人员。人员上岗前应经过岗位培训，掌握本岗位知识和技能。

第七条 运营单位应与出入口属地，连通的物业、商铺，客运枢纽等相关单位明确车站管辖界线和安全管理责任。

车站管辖范围一般以出入口建筑垂直投影线、楼梯台阶、进出口闸机围栏等为界。

第八条 城市轨道交通线网应统一标志标识。

车站醒目位置应张贴本站首末班车时间、周边公交换乘信息、无障碍设施指引、车站疏散示意图，以及禁止、限制携带物品目录等。出入口、站内指示和导向标志应清晰、醒目、连续、规范。车站控制室、设备房、轨行区等区域应设置醒目的禁行标志，应急装置应设置醒目的警示标志。

第九条 运营单位应根据车站规模、客流特点、设备设施布局、岗位设置等，制定工作日、节假日、重要活动以及突发事件的车站客运组织方案与应急预案，换乘站还应制定共管换乘站协同客运组织方案与应急预案，做到"一站一方案"，并根据车站实际客流变化情况及时修订完善。

第十条 运营单位应以服务乘客安全出行为导向建立客运、行车、维保等业务工作协调机制，根据客流变化优化客运、行车、维保方案，不断满足客流需要。

第三章 客运组织

第十一条 车站应根据本站客流流线组织乘客进出站、换乘。因新线开通、车站客流变化、车站设施设备布局改变、枢纽站衔接等，需要对客流流线进行调整的，应对车站整体客流流线、人员疏散进行统筹论证，必要时可组织专家进行风险评估。

车站客流流线设置、设施设备布局等应综合考虑反恐防范、安检、治安防范和消防安全需要。与火车站、长途客运站、机场等相衔接的车站，提供的安检场地应为安检互认提供便利，以减少重复安检，提高通行效率和服务水平。

第十二条 车站工作人员应在每日运营前，对车站客运设施设备进行检查，应在首班车到站前完成准备工作，开启所有出入口、换乘通道和自动扶梯、电梯。

末班车前一列车驶离车站后，应通过广播等方式告知乘客末班车信息。换乘站应根据列车运行计划、乘客换乘所需时间，及时关闭换乘通道，防止乘客误入。

列车退出运营前，应对车内进行巡视，确认无乘客滞留后退出运营。车站关闭前，应对车站进行巡视，播放关站广播，确认无乘客滞留与物品遗留后关闭车站。

第十三条 车站工作人员应对车站出入口、站厅、站台、通道等公共区域进行巡视，检查应急设施、乘客信息系统、自动售检票设备、标志标识、照明设施、电扶梯、站台门、站台候车椅状态，巡视频率不应低于每 3 小时一次，发现异常情况及时进行处理；遇客流高峰、恶劣天气、重大活动等情况，应根据需要增加巡视次数。

第十四条 车站站台服务人员应维护站台候车及上下车秩序，查看车门和站台门的开闭状态，防止夹人夹物动车。遇紧急关闭按钮触发或消防报警装置启动，要立即查明原因，妥善处置。发生信号故障等突发情况时，车站站台服务人员应按规定协助行车人员做好接发列车引导。

第十五条 运营单位应当持续监测客流情况，科学编制列车运行计划，在线路设计能力范围内合理安排运力，不断满足客流需求。

发生突发大客流时，客运人员应当协调行车调度人员及时增加运力进行疏导。预判站台客流聚集超过预警值、可能危及安全时，应当实施单站级客流控制。无法缓解客流压力的，应当在本线多个车站实施单线级客流控制；预判断面客流满载率超过预警值时，应当在本线及与之换乘的线路车站实施线网级客流控制。预警值由运营单位客运人员根据站台设计容纳能力、设施设备配置、客流规律等确定。

客流控制措施包括关停部分自动检票机、关闭自动扶梯、关闭换乘通道、单向开放或关闭出入口等。临时采取客流控制措施的，车站应通过乘客信息系统、广播等形式及时告知乘客。常态化采取客流控制措施的，车站应公布采取客流控制措施的日期、时段等信息，并对客流控制措施的实施效果持续进行评估，可以取消的，应及时取消。

第十六条　车站公共区域施工作业一般应安排在非运营时间进行。确需在运营时间进行的，运营单位应采取划定隔离区域、围蔽、工作人员现场盯控等安全防护措施，加强客流疏导，对乘客做好解释说明。

对于涉及关闭车站出入口或换乘通道、暂停车站使用、缩短运营时间的施工改造，运营单位应提前报告城市轨道交通运营主管部门并向社会公告。

第十七条　非突发情况的列车越站，驾驶员应至少提前一站告知车内乘客，车站工作人员应通过站内广播告知车站乘客。列车因故在车站停留时，列车车门、站台门应处于开启状态，列车和车站通过广播告知车内、车站乘客。

第十八条　出现雨雪等恶劣天气时，运营单位应采取铺设防滑垫、设置防滑、防拥堵提示等必要措施，加强广播提示和现场疏导；站内或出入口乘客聚集可能造成客流对冲等情况时，可调整自动扶梯运行方向或暂时关闭自动扶梯，危及乘客安全时，可暂时关闭出入口。

第十九条　车站发生火灾、淹水倒灌、公共安全、公共卫生等突发事件时，车站工作人员应当报告行车调度部门，按照应急预案进行现场处置，必要时采取关闭出入口、疏散站内乘客、封站等措施。

第四章　客运服务

第二十条　城市轨道交通线路全天运营时间不应少于15小时。运营单位应当根据客流需求，制订列车运行计划，高峰时段按照设计的最小运行间隔安排运力，不断提高乘客服务体验。

遇节假日、大型活动、恶劣天气以及衔接火车站或者机场的线路有火车、飞机大面积晚点的，城市轨道交通运营主管部门可要求运营单位在保障安全的前提下，适当延长运营时间。

第二十一条　车站乘客信息系统应当准确发布当前列车到达时间、后续一班列车到达时间、开行方向等信息，发生突发事件时，及时提供紧急信息。车站乘客信息系统出现故障或信息发布错误等情况时，应及时处置。

第二十二条　车站站台应广播排队候车、安全乘车等提示信息，列车进站时站台应广播列车到站和开行方向。

列车应广播到达车站和换乘信息，需要开启另一侧车门时，应通过广播提前告知乘客。

第二十三条 自动扶梯和电梯运行时间应当与车站运营时间同步。

自动扶梯发生故障时，应立即停止使用，在自动扶梯出入口放置安全护栏、警示标志等，引导乘客使用其他自动扶梯或者楼梯。

电梯发生故障时，应立即停止使用，在电梯口放置安全护栏、警示标志等。有乘客被困时，应安抚乘客并及时采取救援措施。

第二十四条 每个售票点正常运行的自动售票机不应少于2台，每组进、出站自动检票机群正常使用的通道均不应少于2个。

自动售票机、自动检票机发生故障时，应设置故障提示。自动售票机大面积故障时，应增加人工售票窗口。自动检票机大面积故障时，应采取人工检票、免检等方式，引导乘客有序进出站。

紧急疏散时，自动检票机阻挡装置应全部处于释放状态。

第二十五条 站台门发生故障无法关闭时，应安排专人值守，做好安全防护；无法打开时，应通过列车广播、标识或其他方式告知乘客，引导乘客从其他站台门下车。站台门发生大面积故障的，驾驶员应及时报告行车调度人员采取越站等应急措施，车站服务人员通过广播及时告知乘客，维护候车秩序。

车站客运人员应将站台门故障情况及时报告设施设备维保人员进行处理。

第二十六条 列车临时清客时，应通过广播或者其他方式告知车内和站内乘客，车站工作人员应上车引导乘客下车，清客完毕后报告驾驶员关闭车门。

列车区间疏散时，应通过车内广播准确、清晰告知乘客疏散方向，车站工作人员应进入轨行区引导客流快速疏散；车站可采取暂停进入车站等措施防止乘客进站，并及时告知乘客。

第二十七条 车站客运人员应按规定统一着装，正确佩戴服务标志，答复乘客咨询时应坚持首问负责、礼貌热情、用语规范，使用普通话（乘客提问时使用方言或外语的除外）。

第二十八条 车站和列车温度、湿度、空气质量、噪声等应符合有关规定。车站公共卫生间应能正常使用、环境整洁、通风良好。

第二十九条 车站内应配备急救箱，乘客受伤或者身体不适时，客运服务人员应及时拨打救助电话并等待至救护人员到场，可视需要对现场进行隔离。

第三十条 车站和列车内配备的无障碍设施应保持功能完好，车站工作人员应为有需要的乘客提供无障碍乘车服务。

第三十一条 具备条件的车站应设置无障碍卫生间、婴儿护理台、儿童洗手盆等服务设施，宜开辟母婴室，设置自动取款机（ATM）、自动售货机等便民服务设备。

第三十二条 运营单位应每年向社会公布运营服务质量承诺及履行情况，服务质量承诺应至少包括以下内容：

（一）列车正点率、列车运行图兑现率等列车运行指标；

（二）自动售票机可靠度、自动检票机可靠度、乘客信息系统可靠度等客运服务设备设施运行指标；

（三）乘客投诉、意见、建议受理渠道和处理时限；

（四）服务改进的举措和计划。

第三十三条　运营单位应建立乘客投诉受理处理制度，设置服务监督机构，公布服务监督电话，及时受理乘客投诉。对受理的乘客投诉，运营单位应在 7 个工作日内处理完毕，并将处理结果告知乘客。

运营单位应对乘客反映的问题进行核实整改，设施设备类投诉应核实设施设备信息，组织相关单位进行处理；服务类投诉应及时查找原因，改进相关服务；规章制度类投诉应进行分析，根据需要修改完善制度。运营单位无法解决的，应定期汇总后报有关部门协调处理。

城市轨道交通运营主管部门应建立乘客投诉受理处理制度，公布服务监督电话，及时受理乘客投诉。对乘客投诉自受理之日起 15 个工作日内，应将处理结果告知乘客。

第五章　乘客行为规范

第三十四条　乘客应遵守票务管理规定，持有效乘车凭证乘车，不得采取尾随、强行冲撞自动检票机等方式逃票。城市轨道交通因故中断运营时，乘客有权持有效车票要求运营单位按照票价退还票款。

按照有关规定享受票价优待的乘客，运营单位应执行票价优待规定。

第三十五条　禁止乘客有下列影响城市轨道交通运营安全的行为：

（一）拦截列车，在列车车门或站台门提示警铃鸣响时强行上下列车，车门或站台门关闭后扒门；

（二）擅自操作有警示标志的按钮和开关装置，在非紧急状态下动用紧急或者安全装置；

（三）携带有毒、有害、易燃、易爆、放射性、腐蚀性以及其他可能危及人身和财产安全的危险物品进站、乘车；

（四）攀爬或者跨越围栏、护栏、护网、站台门等，擅自进入驾驶室、轨道、隧道或者其他有警示标志的区域；

（五）向轨道交通线路、列车以及其他设施投掷物品；

（六）损坏车辆、站台门、自动售检票等设备，干扰通信信号、视频监控设备等系统；

（七）损坏、移动、遮盖安全标志、监测设施以及安全防护设备；

（八）在车站、列车内吸烟，点燃明火；

（九）在运行的自动扶梯上逆行、推挤、嬉戏打闹；

（十）影响运营安全的其他行为。

第三十六条　乘客不得有下列影响城市轨道交通运营秩序的行为：

（一）在车站或者列车内涂写、刻画或者私自张贴、悬挂物品；

（二）携带动物（导盲犬、军警犬除外）进站乘车，携带有严重异味、刺激性气味的物品进站乘车；

（三）推销产品或从事营销活动，乞讨、卖艺及歌舞表演，大声喧哗、吵闹，使用电子设备时外放声音；

（四）骑行平衡车、电动车（不包括残疾人助力车）、自行车，使用滑板、溜冰鞋；

（五）在列车内进食（婴儿、病人除外）；

（六）随地吐痰、便溺、乱吐口香糖、乱扔果皮、纸屑等废弃物，躺卧或踩踏座席；

（七）在车站和列车内滋扰乘客的其他行为。

第三十七条　发生突发事件需要疏散时，乘客应服从工作人员指挥和引导有序疏散。

第三十八条　提倡尊老爱幼、文明乘车的美德，提倡主动给老、弱、病、残、孕、怀抱婴儿的乘客让座和提供方便。

第三十九条　城市轨道交通运营主管部门应按照本章上述条款要求，结合实际制定本地城市轨道交通乘客乘车规范。乘客应遵守乘车规范，听从车站工作人员的合理指示和要求，文明有序进站、乘车，自觉维护车站和列车整洁，爱护城市轨道交通设施设备，维护良好公共秩序。

拒不遵守乘车规范的，运营单位有权予以制止，制止无效的，应报有关部门依法处理。

第六章　服务监督与提升

第四十条　运营单位应当制定本单位客运服务质量标准，建立内部服务质量监督、检查、考核机制，不断改进服务质量，提升乘客出行体验。

第四十一条　城市轨道交通运营主管部门和运营单位应当建立健全乘客沟通机制，通过公众开放日、接待日、"两微一端"等形式开展乘客交流活动，向乘客介绍客运组织和服务举措，了解公众诉求和意见建议，及时回应乘客关切。鼓励邀请"常乘客"或者乘客督导员参与服务质量监督工作。

第四十二条　城市轨道交通运营主管部门应当对运营单位客运组织与服务工作进行监督检查，每年组织开展服务质量评价，向社会公布服务质量评价结果，督促运营单位不断改进服务。

第七章　附　　则

第四十三条　本办法自2020年4月1日起实施，有效期5年。

参考文献

[1] 交通运输部. 城市轨道交通客运服务规范[S]（GB/T 22486-2022）. 2022-12-30.

[2] 人力资源和社会保障部办公厅. 国家职业技能标准——城市轨道交通服务员[S]. 人社厅发〔2021〕6号，2021-1-15.

[3] 国家发展和改革委员会. 国家基本公共服务标准（2023年版）[S]. 发改社会〔2023〕1072号，2023-7-30

[4] 交通运输部. 城市轨道交通客运组织与服务管理办法[S]. 交运规〔2019〕15号，2019-10-16.

[5] 交通运输部. 城市轨道交通运营管理规定[S].部令2018年第8号，2018-5-21.

[6] 全国服务标准化技术委员会. 服务标准化工作指南[S]（GB/T 15624-2011）. 2012-4-1.

[7] 张等菊. 服务心理学（第三版）[M]. 北京：经济科学出版社，2020.

[8] 杨丽明，廉洁. 民航服务心理学：理论、案例与实训（第2版·数字教材版）[M]. 北京：中国人民大学出版社，2021.

[9] 秦越，曹剑波. 城市轨道交通客运组织（第2版）[M]. 北京：人民交通出版社，2024.

[10] 刘莉娜. 城市轨道交通客运组织（第3版）[M]. 北京：人民交通出版社，2021.

[11] 尹浩浩，杨旭丽. 轨道交通旅客服务心理学[M]. 北京：中国建材工业出版社，2020.

[12] 张厚粲，许燕. 心理学导论[M]. 北京：北京师范大学出版社，2020.

[13] 彭聃龄，陈宝国. 普通心理学（第6版）[M]. 北京：北京师范大学出版社，2024.

[14] 埃里克·希雷. 心理学史（第2版）[M]. 北京：机械工业出版社，2022.

[15] 布莱恩·E.波特. 交通心理学手册[M]. 杨艳群，郑新夷，冯洋，周全，译. 北京：人民交通出版社，2023.

[16] 湖北省人才事业发展中心. 心理素养培育[M]. 北京：中国劳动社会保障出版社，2021.

[17] 黄磊，郭艳伟，杨娟. 职业素养[M]. 北京：中国人民大学出版社，2024.

[18] 刘吉梅，李卫平. 心理素质教育[M]. 北京：中国轻工业出版社，2020.